# 情報社会の憲法学

## 情報プライバシー・データマイニング・司法

小林 直三 著

学文社

# まえがき

これからの情報社会では、ＡＩやＩｏＴが重視され、ますます情報の共有化や活用が求められるようになるだろう。そうした流れそのものは、健康長寿社会におけるモビリティ、たとえば、運転が困難となった高齢者のための自動車などの自動運転をはじめ、われわれの生活を便利にするだろうし、いくつかの社会問題の解決にも資するものだと思われる。しかしながら、その一方で、そうした情報社会には、新しい問題が生じてくると考えられる。たとえば、情報プライバシーの保護に関しても、以前のものとは、異なったものになると思われる。そのため、憲法学においても、そのことに応じていく必要があるのではないか。本書は、そうしたことを踏まえて、情報社会に憲法学的にアプローチし、情報社会のいくつかの課題の解決に資することを目的とするものである。

なお、本書では、おもに米国の判例や議論を参考としている。なぜなら、米国には、情報プライバシーの権利に関する多くの判例や研究の蓄積があり、それらは、日本にも大きな影響を与える可能性があると考えられるためである。

本書は、以下の構成をとっている。

まず、序章では、情報プライバシーの現状と情報社会の現代的課題を示しながら、本書の目的と構成に関して述べる。

次に、第1章では、米国連邦最高裁判例に関する概要を確認し、そこでの判断枠組みに関して検討する。また、著名な米国のプライバシー権の研究者の一人であるダニエル・J・ソロブの「プライバシー・パラドックス」（情報プライバシーに関する懸念を示しながらも、情報プライバシーを守るための手立てを採らないこと）の議論の検討をしている。そうした検討を通じて、現代の情報社会において、いわゆる自己情報コントロール権説の構想が限界に来ていることを明らかにする。

第2章では、自己情報コントロール権説の構想の限界を補うものとして、おもにポール・M・シュワルツとダニエル・J・ソロブの議論を踏まえて、情報プライバシーの権利の中心的概念の一つである個人識別情報（Personally Identifiable Information）概念を検討する。

第3章では、現代の情報社会の情報技術の一つであるデータ・マイニングに関して検討を行う。

第4章では、視点を変えて、おもにキャス・R・サンスティンの議論を踏まえて、現代の情報社会における司法のあり方に関して検討する。現代の情報社会では、情報の量に流されて、判断を変えてしまうという情報カスケードが影響を強めている。そして、裁判官といえども、同じ現代の情報社会で生きている以上は、その影響を免れない。そうしたことを踏まえて、現代の情報社会における司法のあり方を考察する。

終章では、本書全体のまとめについて述べる。

また、第1章から第4章には、それぞれ、補論を付している。

本書の検討は、情報社会の憲法学の課題のすべてに応えているものではない。しかし、その重要な部分に一定の示唆を与えるものだと考えている。

本書が、これからの情報社会の構築と憲法学の発展に、少しでも寄与するものとなれば幸いである。

小林直三

目次

# 情報社会の憲法学——情報プライバシー・データマイニング・司法

# 序章　本書の目的と構成

## はじめに

今日、情報社会とも呼ばれるSociety4.0から、さらに進んだSociety5.0へ向かおうとしているといわれている。しかし、Society5.0が、ビッグデータを前提にＡＩ（Artificial Intelligence）やＩｏＴ（Internet of Things）を活用する社会だとすれば、それは、情報社会から区別されるものではなく、むしろ、情報社会の一つの形態だといえるだろう。そのため、本書では、Society5.0を含めて、「情報社会」と表現している。

さて、これからの情報社会では、ＡＩやＩｏＴの重要性を考えた場合、ますます情報の共有化や活用が求められてくるものと思われる。実際、個人情報保護法の二〇一五年の改正では、いわゆる「匿名加工情報」に関する規定が設けられるなどしたが、それは、ビッグデータの活用を促進するものだといえるだろう。また、二〇二一年のデジタル庁設置やそれに関連する個人情報保護法の改正も、その流れを促進するものだと考えられる。しかしながら、そうした情報の共有化や活用が進められる情報社会からは、いくつかの新しい諸課題が生じているように思われる。そして、それらの諸課題に関して、憲法学も対応していかなくてはならないだろう。

本書は、こうしたことを踏まえて、いわゆる「Society5.0」を見据えながらも、それを情報社会の一つの形態と捉えたうえで、こうした情報社会に憲法学的にアプローチし、そのいくつかの課題の解決に資することを目的としている[1]。

さて、情報社会で問題となるものに、まずは「情報プライバシーの権利」の保護があげられるだろう。この情報プライバシーの権利の日本国憲法上の根拠規定に関しては、「憲法上の無名権説、一三条説、三一条説、三三・三五条説に分けることができる」が、いわゆる包括的人権規定とされる日本国憲法一三条を根拠規定と考える「一三条説が通説といってよい」。情報技術の発展や時代の変化に応じて、「プライヴァシー権概念は……つねに変化していくものだと考えるならば、こうした権利の根拠として、もっとも相応しいものは、やはり、一三条ということになる」ものと思われる[2]。ただし、包括的人権規定としての日本国憲法一三条に根拠を求めた場合、憲法条文の文言の解釈論というよりも、そこで問題とされる利益が憲法上の人権として保障されるべきものなのか、仮に、保障されるべきものだとして、どのような場合にそれは制限され得るのか、に関する判例分析や憲法理論的な検討に焦点があてられるものと思われる。

本書では、そうした理解の下で、情報プライバシーの権利の保障に関して検討を進めていきたいと思う。

## 1　情報プライバシーの権利の現状

さて、情報社会の重要な課題の一つとして情報プライバシーの権利の保障が考えられる。では、その情報プライバシーの権利の保障の現状は、はたして、どのようなものなのだろうか。

プライバシーの権利を法的に扱った最初の論文とされているサミュエル・D・ウォーレン（Samuel D. Warren）とルイス・D・ブランダイス（Louis D. Brandeis）の'The Right to Privacy'[3]では、プライバシー権を'the right to be let alone'（一人で放っておいてもらう権利）と定義していた。しかし、一九六〇年代後半には、いわゆる「自己情報コントロール権」説が主張され始める。[4]今日のところ、米国において、この自己情報コントロール権説が、もっとも有力な立場だといえるだろう。[5]

そして、一九七〇年代に入ると、日本でも、米国の学説などを踏まえて、自己情報コントロール権説が主張され始めるようになった。

たとえば、その代表的な論者である佐藤幸治は、高度情報化社会を受けて、「プライヴァシーの権利はこれを自己についての情報をコントロールする権利といい換えることができよう」と述べている。そして、このように定義された「プライヴァシーの権利が保障されなければならないのは、それが何か他の利益または価値を保障するために必要な考えられうるひとつの手段だからというのではなく、プライヴァシーが、それをもってしてはじめて人間が他の目的を追求できる『独立の特殊な種類』であり、人間の最も基本的な関係である愛（love）、友情（friendship）および信頼（trust）関係と不可分に結びついているということのためである」としている。(6)

しかし、こうした考えに関して、次のような批判学説も主張され、日本の憲法学では、とくに一九八〇年代にプライバシー権に関して盛んに議論されることになる。

たとえば、阪本昌成は、「本来コントロウルできない性質をもつ知識・情報をプライヴァシー概念に取り入れようとしているところに、本質的欠陥をも」ち、また、「名誉との区別も不可能」だと批判した。(7)

阪本は、そもそも、「プライヴァシーそのものと、プライヴァシーの利益（換言すれば、インタレストとしてのプライヴァシー）とを区別しなければなら」ず、そして、「前者の定義は、できるだけ記述的でなければならず、後者にいたってはじめて規範的性格づけをなしうる」として、「こうした段階的定義を経て、さらに権利にまで高められたもの（法的に承認をうける価値をもつプライヴァシー規範）がプライヴァシー権」だとしている。そのうえで、「プライヴァシーを『他者による評価の対象になることのない生活状況または人間関係が確保されている状態』と定義」し、「プライヴァシーの利益とは、こうした状態に対する正当な要求または主張」と定義している。そして、「このうち、法的承認をうけるに値する利益がプライヴァシー権である」とする。阪本は、このようにプライヴァシーの利益に先行して、プライバシーを定義することによって、「『評価の対象となることのない生活状況または人間関係』に関する知識・情報に絞りをかけ」、佐藤の自己情報コントロール権への批判を克服しようと試みている。阪本によれば、この定義は、ウィリアム・L・プロッサー（William L. Prosser）の四類型を包括するものだとされる。ただし、プロッサーの分類の対象は、不法行為に関するものであり、そのため、阪本の定義では、行政の保有する個人情報の開示請求権など、公法上の権利として主張される請求権的側面まで含まれるのかが問題となる。この点に関して、阪本は、福祉国家化によって、政府が個人情報を収集・蓄積・利用せざるを得なくなり、「『私生活』が公的事務として処理されるに従って、責任政治という考えが強調され」、「公務員の専門性や官僚の倫理に信頼をよせた時代から、開かれた政府を法的制度として実現する時代となった現代では、こうした責任政治のセイフガードとして、国民は、自己が評価対象とされているか否か等につき、請求権としてのプライヴァシー権を有する」と説明している(8)。

その後、佐藤も、プライバシーとプライバシーの利益とを区別して、「『プライバシー』は、『個人の経験と用途に対するアクセスが限定されている』実存状態であり、『個人に対する他者のアクセスが限定されている状態』である」とするようになる(9)。そして、こうした記述的概念に対して、「プライバシーの権利とは、他者との交流・接触の中で過す人間にとってそのようなプライバシーが果たす役割に注目し、評価的に法的保護の領域にとりこもうとするもの」だとしている。そのため、「『自己情報コントロール権』としてのプライバシーの権利は、文字通り個人に関するすべての『情報』のコントロールを意図しているものではなく、人権論的にいえば、個人が、『固有の尊厳』をもつ人格の自由な展開にとって重要な『情報』を、その展開を妨げないような姿においてコントロールすることを可能ならしめることを内実とする権利」だとしている。したがって、プライバシー権としてコントロールの対象とされるものは、「道徳的自律の存在としての個人の実存に関わる情報」であるセンシティヴ情報（プライバシー固有情報）に限定されることになる。しかしながら、佐藤は、「かかる『固有情報』を保護するためには、その周辺の一定の情報も保護しなければならない」として、プライバシー外延情報にも一定の保護を与えるべきだとしている。そして、「①センシティヴな『固有情報』が収集されないこと、②かかる情報がやむにやまれざる政府利益によって収集される場合において、その情報が同種のかかる利益によって正当化される範囲を越えて利用または提供されないこと、③『外延情報』であっても、道徳的自律の存在としての個人の生活様式を危うくするような形で収集・利用または提供されないこと、が確保されなければならないということが基本的枠組として要請される」としている[10]。

また、棟居快行は、これまでのプライバシー権に関する理論が、「『プライヴァシー権』という法的構成が、一体いかなる『プライヴァシー』の基礎概念を前提としているのかは、必ずしも明らかにされているとは思われず、せいぜい法的構成を先どりした上での言及にとどまっているように思われる」と批判している。たとえば、佐藤説に対しては、「法的構成のみが先行し、基礎概念が今後の課題として残されていることが論者自身により明確に意識されている」とし、阪本説に関しては、「『評価』のメルクマール自体必ずしも明確と言えず、また、『正当な要求または主張』とはどのような場合か、という定義上肝心な点には手がかりが与えられていない」「同説が何故に評価の対象とされるか否かで、プライヴァシーの有無を分けるのか、という定義づけの合理性が明らかでないことに起因するように思われる」と批判している[11]。

そのうえで、「シンボリック相互作用論」を踏まえて、「人間は様々な社会関係において様々な役割期待を担いつつ、逆に主体的にシンボルを解釈し操作することによって、自己の『役割イメージ』を形成し、それを相手に演じて見せるのである。伝えるのはイメージであって、生の情報そのものではない」とし、プライバシー権を「生の個人情報開示コントロールと解する」立場を否定する。そして、このことから、命題①として、「人が、その時々の社会関係に応じて形成する役割イメージの多様性は、生の個人情報の選択的開示ではなくして、むしろシンボル、印象、記号の解釈、操作によって達成される（シンボリックな相互作用の仮説）」、命題②として、「演技者としての人が、多様な社会関係、社会集団に帰属しつつシンボリックな相互作用をなすにあたっては、社会関係の多様性に対応した多様な役割イメージ（『マスク』、『仮面』）を使い分けることが許される（役割イメージの使い分けの自由の仮説）」とする。また、演技者は、そのとき演じている役割が、もっとも重要であるというイメージを相手方観衆に与えたがるにもかかわらず、「演技者―観衆のコンテクスト、すなわち当該社会関係の場に、それとは別のコンテクストにおける役割期待や役割イメージが持ち込まれることは……自己の役割イメージの混乱と崩壊、ひいては社会関係の失敗をもたらす」ために、命題③「演技者は、当該社会関係における役割が最も重要であると考えている、というイメージを相手方観衆に与えたがるので、他のコンテクストにおける役割イメージが持ち込まれることにより演習上の失敗をおかしてしまう。これを防ぐためには、『観衆の分離』が必要なのである（観衆の分離の仮説）」とする。さらに、命題④「人がシンボリックな相互作用を通じて誰と、どのような相互作用をいとなみ、いかなる社会関係に立とうとも、それは個人の自由である（社会関係形成の自由の仮説）」として、「このような、社会関係の自由な形成を阻げられないことは、人間の一般的行動の自由の一環として、憲法上の保障を与えられている」とする。また、この命題④は、そこから命題②と命題③を導き出せる最上位命題とする。そして、これらの命題を包摂するものとして、「『人間が自由に形成しうるところの社会関係の多様性に応じて、多様な自己イメージを使い分ける自由をプライヴァシーと呼ぶ』（自由な社会関係を前提とした、自己イメージのコントロール権）」と定義している。このように考えた場合、阪本説と同様に、行政の保有する個人情報の開示請求権などの請求権的側面が問題となるが、この点に関して、棟居は、「対行政では適正手続など別個の法理による問題の処理が概念の理論的精緻をもたらす」としている。(12)

しかし、佐藤説に対するこれらの批判学説に対して、松井茂記は、「このような試みは、いずれもプライヴァシーを前提として、それを権利と構成しようと発想しているように思われる」が、「むしろ、問題は、どこまでを私的と扱うか、どこまでをプライヴェートと扱うかという規範的判断なのではなかろうか」として、「プライヴァシー権が前提とするプライヴァシーの概念を説明しようとする意図は理解しうるが、最早それは憲法論の射程を超えて行くものであろう」としている。そのうえで、「現代社会の状況の中で個人の自己情報についてはその人にコントロール権を保護する必要があり、そのような権利をプライヴァシー権と構成するのが、プライヴァシーという概念定義として最も適切であり、かつ民法上も憲法上もそのような定義がプライヴァシー権の権利性を認めるのに適しているという判断で、差し当たり満足しておきたい」とする。また、「今日プライヴァシー権を考える場合には、民間信用調査機関などの情報産業との関係も無視しえない」にもかかわらず、阪本説や棟居説では、「現代の情報化社会に特徴的な巨大な情報産業の発展とそこに於ける個人情報の集積の問題に果たして適切に対処できるかは、かなり疑問に思われる」と批判している[13]。

こうした議論を経て、自己情報コントロール権説が、日本の通説を形成し、今日にいたっている。

では、日本の判例展開は、どのようなものであろうか。ここでは、次の三つの判決をみていきたい[14]。

まず、早稲田大学講演会名簿事件[15]である。これは、大学が外国の要人の講演会を開催するに際して、警察から警備のために講演会に出席する者の名簿を提出するように要請されたところ、大学が参加希望者の学籍番号、氏名、住所および電話番号を記載する名簿を参加希望者の同意なしに警察に提供したことが問題となった事案である。最高裁は、これらの情報は、「大学が個人識別等を行うための単純な情報であって、その限りにおいては、秘匿されるべき必要性が必ずしも高いものではない」が、「このような個人情報についても、本人が、自己が欲しない他者にはみだりにこれを開示されたくないと考えることは自然なことであり、そのことへの期待は保護されるべき」であり、「本件個人情報は、上告人らのプライバシーに係る情報として法的保護の対象とな」り、参加希望者本人「の意思に基づかずにみだりにこれを他者に開示することは許されない」とした。

また、行政機関がいわゆる住基ネットで個人情報を扱うことが問題とされた事案で、最高裁[16]は、「憲法一三条は、国民の私生活上の自由が公権力の行使に対しても保護されるべきことを規定しているものであり、個人の私生活上の自由の一つとして、何人も、個人に関する情報をみだりに第三者に開示又は公表されない自由を有する」とした。

つまり、これらの判決では、個人情報の開示などの制限に関して、憲法的保護を認めたものといえる。

ただし、この判決では、「住基ネットによって管理、利用等される本人確認情報は、氏名、生年月日、性別及び住所から成る四情報に、住民票コード及び変更情報を加えたもの」で、「これらはいずれも、個人の内面に関わるような秘匿性の高い情報とはいえ」ず、住民票コードも、その「目的に利用される限りにおいては、その秘匿性の程度は本人確認情報と異なるものではない」とし、また、「住基ネットにシステム技術上又は法制度上の不備があり、そのために本人確認情報が法令等の根拠に基づかずに又は正当な行政目的の範囲を逸脱して第三者に開示又は公表される具体的な危険が生じているということもできない」ことから、それらの情報の収集や管理に「当該個人がこれに同意していないとしても、憲法一三条により保障された上記の自由を侵害するものではない」としている。ここでは、セキュリティなどが問われているが、それは、基本的に個人情報の開示などとの関係で問題とされている。

なお、この住基ネットに関する判決では、「データマッチングは本人確認情報の目的外利用に当たり、それ自体が懲戒処分の対象となる」ことなどから、データマッチングによる「本人の予期しないときに予期しない範囲で行政機関に保有され、利用される具体的な危険」はないとされている。しかし、仮に、法令上、データマッチングが目的外利用とされていなかった場合、いかなる憲法的保護があるのか（あるいは、憲法的保護はないのか）は、この判決では、必ずしも明確ではないといえるだろう。

そして、GPS捜査に関する事案で、最高裁は[17]、「GPS捜査は……公道上のもののみならず、個人のプライバシーが強く保護されるべき場所や空間に関わるものも含めて、対象車両及びその使用者の所在と移動状況を逐一把握することを可能にする」ことから、GPSを使用した「捜査手法は、個人の行動を継続的、網羅的に把握することを必然的に伴うから、個人のプライバシーを侵害し得るものであり、また、そのような侵害を可能とする機器を個人の所持品に秘かに装着することによって行う点において、公道上の所在を肉眼で把握したりカメラで撮影したりするような手法とは異なり、公権力による私的領域への侵入を伴うものというべきであ」り、したがって、令状なしでのGPS捜査を違法であるとした[18]。

つまり、この判決では、個人情報の収集の制限について、一定の憲法的保護を認めたのである。

以上のような米国や日本の学説・判例展開を踏まえれば、一応のところ、自己情報コントロール権としての情報プライバシーの権利が、憲法上の権利として概念化されているものといってよいだろう。

## 2　情報社会の現代的課題

ただし、Society5.0の構築を見据えた現代の情報社会においては、自己情報コントロール権としての情報プライバシーの権利の考え方に関して、関連する次の二つの課題が生じているものと思われる。また、さらに間接的な課題として、三つ目の課題が生じているものと考えている。

### (1)　情報プライバシーの権利の判断基準

まず、第一に、情報プライバシーの権利の侵害と判断される基準に関してである。

詳細は、本書の第1章で扱うことにするが、米国連邦最高裁では、おもに情報プライバシーの権利は修正四条の令状主義をめぐって争われてきた。その修正四条の令状主義に関して、米国連邦最高裁は、公衆電話の上におかれた盗聴器による盗聴が争われた一九六七年のカッツ判決[19]以降、次の二つの要件を基本的な判断枠組みとして用いている。すなわち、カッツ判決のジョン・M・ハーランII（John M. Harlan II）裁判官の補足意見で述べられた、「第一に、人がプライバシーについての現実の（主観的な）期待を示していること、そして、第二に、その期待が、社会が『合理的なもの』として認める用意のあるものであること[20]」の二つの要件である。一方、日本の最高裁では、たとえば、前述した早稲田大学講演会名簿事件において、「大学の行為は、上告人らが任意に提供したプライバシーに係る情報の適切な管理についての合理的な期待を裏切るものであり、上告人らのプライバシーを侵害するものとして不法行為を構成する」としており、基本的には、米国連邦最高裁の判断枠組みと類似の立場であるといえるだろう。

しかしながら、「社会が『合理的なもの』として認める」、つまり、社会的承認とは、はたして、どのようなことなのだろうか。

また、自己情報コントロール権としての情報プライバシーの権利は、本人が自己情報を管理、コントロールすることを重視している。しかし、現在の情報社会の実態を踏まえれば、はたして、本当に、本人が自己の情報をコントロールできるのだろうか。そして、もし、本人が自己の情報をコントロールできることを重視し過ぎると、本人が自己情報の提供に同意したことを理由に、それに関する情報プライバシーの制限や喪失を正当化されかねないのではないだろうか。

もちろん，本人が自己情報を管理，コントロールすることを完全に否定するわけではないが，現代の情報社会においては，そうした管理やコントロールに依存し過ぎない形での情報プライバシーの保護を考えなくてはならないのではないだろうか。

## (2) データ・マイニングの可能性と限界

次に，データ・マイニングなどの新しい情報技術への対応に関してである。

現代社会では，コンピュータの発達によって，データ・マイニングが可能となり，マーケティングなどに活かすことは，ごく一般的なことになっており，一定の成功と評価を得ているものといえるだろう。では，こうしたデータ・マイニングを行政に活かすことも可能だろうか。

たとえば，データ・マイニングの活用によって，テロ行為や児童虐待などを犯そうとする者を事前に発見し，それらの行為を防ぐことができるかもしれない。そのことは，一方で，公益にとって非常に魅力的なことではあるが，他方で，情報プライバシーの権利をはじめとする市民の権利や自由を犠牲にすることになるかもしれない。したがって，情報プライバシーの権利をはじめとする市民の権利や自由の観点から，データ・マイニングの限界と可能性を考えなくてはならないだろう。

これまでの情報プライバシーの権利の考え方では，憲法的保護となっている部分が，おもに個人情報の情報収集と開示（とその関連としてのセキュリティ）に限られており，個人情報の集積・情報処理に関しては，必ずしも明確にはなっていないように思われる。

しかし、Society5.0の構築に向かう現代の情報社会では、莫大な個人情報の集積やそのことを前提としたデータ・マイニングなどの情報処理こそが、問題となる。たとえば、誤った個人情報が集積され、または、誤った情報処理が行われた結果、個人が不当な扱いを受けてしまうことがあり得るかもしれない。あるいは、誤った情報処理に基づく政策決定がなされるかもしれない。

しかし、そうしたことが起きたとしても、膨大で様々な情報のなかで、個人がその情報の誤りを知ることは難しいだろう。また、通常、情報処理のアルゴリズムは開示されないため、誤った情報処理に基づく不当な扱いであること（もしくは、政策決定であること）に気づくことも難しいだろう。そして、仮に、そうした誤った個人情報や情報処理による不当な扱いであると感じたとしても、それらのことを具体的に主張し立証することは、かなり困難なものとなるのではないだろうか[21]。

### (3) 司法やその構成員である裁判官

そして、第三に、司法やその構成員である裁判官に関してである。

情報プライバシーの権利が法的な権利、とくに憲法上の権利であるとすれば、当然のことながら、それは裁判所において保障されなくてはならない。その意味では、(間接的ながらも）裁判所やその構成員である裁判官のあり方も、重要な課題の一つとなる。そして、裁判官も、われわれと同じ情報社会で生活している以上、われわれと同じように情報社会の影響を受けているものといえるだろう。

したがって、情報社会の影響を受けている裁判官のあり方も、やはり、検討すべき余地があるものと思われる。

本書は、これらの三つの課題に関して検討していきたいと思う。

## 3　本書の構成

以下、本書の構成に関して、「まえがき」でも簡単に述べたが、いま一度、概観しておこう。

第1章では、情報プライバシーに関する多くの判例の蓄積のある米国連邦最高裁判例に関する概要を確認し、そこでの判断枠組みに関して検討している。そのことを通じて、現代の情報社会における情報プライバシーの権利の判断基準を示していきたい。

第2章では、第1章の検討を踏まえたうえで、自己情報コントロール権としての情報プライバシーの権利の中心的概念の一つである個人識別情報（Personally Identifiable Information）概念に関して扱っている。そのことによって、本人が自己の情報を管理、コントロールすることに依存し過ぎない形での情報プライバシーの保護の可能性を示していきたい。

第3章では、これまでの検討を踏まえつつ、比較的新しい問題の一つである行政によるデータ・マイニング（date mining）に関して扱っている。

そして、第4章では、情報社会における司法のあり方に関して検討している。

終章では、本書のまとめを述べている。

また、第1章、第2章、第3章、そして、第4章には、それぞれ、関連する問題を扱った補論を付けている（なお、それぞれの章の初出に関しては、本書の「あとがき」に記してある）。

以上のように、本書は、前述した三つの課題に関して検討するものである。

もちろん、これらによって、情報社会の新しい諸課題のすべてを包摂しているわけではない。しかし、これらの関連する三つの諸課題は、情報社会の新しい諸課題のうちのもっとも重要なものであると考えている。

**【注】**

(1) 筆者は、これまでプライバシー権に関する研究を積み重ねてきた。プライバシー権として論じられてきたものは、いわゆる「自己決定」や「自己定義」の権利に関する分野と、「情報プライバシー」の権利に関する分野とに分けることができる。筆者は、両者を別々のものとして概念化するのではなく、一つのものとして概念化する立場をとっているが、おもに前者に関する筆者の研究の多くは、拙書『中絶権の憲法哲学的研究――アメリカ憲法判例を踏まえて』（法律文化社、二〇一三年）に纏められている。そして、先ほども述べたように、情報社会の主要な問題の一つとして、「情報プライバシー」の保護が考えられる。そのため、本書では、「自己決定」や「自己定義」の権利ではなく、とくに「情報プライバシー」を中心に扱っている。

なお、本書では、和文における数字に関しては、引用部分も原則として漢数字を用いている。

（2）同前・拙書、一五九―一六〇頁（脚注68）。
（3）Samuel D. Warren & Louis D. Brandeis, *The Right to Privacy*, 4 Harv. L. Rev. 193 (1890).
（4）*See*, Charles Fried, *Privacy*, 77 Yale L. J 475 (1968).
（5）ただし、プライバシーを無理に定義化するのではなく、複数の問題領域を家族的類似性によって概念化しようとする試みも主張されている。*See*, Daniel J. Solove, *Conceptualizing Privacy*, 90 Calif. L. Rev. 1087 (2002), Daniel J. Solove, *A Taxonomy of Privacy*, 154 U. Pa. L. Rev. 477 (2006). なお、筆者は、プライバシーの複数の問題領域を家族的類似性によって概念化しようとする試みを支持するものである。
（6）佐藤幸治「プライヴァシーの権利（その公法的側面）の憲法論的考察（一）」法学論叢八六巻五号一二―一三頁（一九七〇年）。佐藤説に関しては、本章引用文献のほか、以下の文献も併せて参照のこと。同「プライヴァシーの権利（その公法的側面）の憲法論的考察（二）――比較法的検討――」法学論叢八七巻六号一頁（一九七〇年）、同「情報化社会の進展と現代立憲主義――プライバシー権を中心に――」ジュリスト七〇七号一六頁（一九八〇年）。
（7）阪本昌成『プライヴァシー権論』日本評論社（一九八六年）八頁。
（8）阪本昌成「プライヴァシー権」法学教室四一号七―一〇頁（一九八四年）。阪本昌成の考えに関しては、本章引用文献のほか、阪本昌成『プライヴァシーの権利』（成文堂、一九八二年）も併せて参照のこと。なお、ウィリアム・L・プロッサーは、プライバシー権に関する議論に影響を与えた著名な研究者の一人であり、プライバシー権の対象領域を、私事への侵入、秘密事の公開、誤った印象の公表、氏名・肖像の無断使用、の四つの領域に分け、それらに関するものにプライバシー権を還元することを主張した。プロッサーの考え方に関しては、以下の文献を参照。*See*, William L. Prosser, *Privacy*, 48 Cal L. Rev 383 (1960).
（9）佐藤幸治「権利としてのプライバシー」ジュリスト七四二号一六三頁（一九八一年）。
（10）佐藤幸治「プライバシーと知る権利」法学セミナー三五九号二四―二六頁（一九八四年）。

(11) 棟居快行「プライヴァシー概念の新構成」神戸法学雑誌三六巻一号二―三三頁（一九八六年）。

(12) 同前・棟居、一四―二二頁。なお、シンボリック相互作用論を踏まえたプライヴァシー論に関して、片桐雅隆『プライバシーの社会学――相互行為・自己・プライバシー』（世界思想社、一九九六年）も併せて参照のこと。

(13) 松井茂記「プライヴァシーの権利について」法律のひろば四一巻三号三七―三八頁（一九八八年）。

(14) 本稿であげる判決のほか、前科照会事件（最三判昭五六年四月一四日、民集三五巻三号六二〇頁）も参照のこと。この前科照会事件では、前科などの情報「の取扱いには格別の慎重さが要求されるものといわなければならない」として、法令の根拠に基づいた照会であっても、その開示が違法となり得る場合もあるとしている（なお、多数意見ではプライバシーに言及していないが、伊藤正己裁判官の補足意見では、プライバシーに言及している）。

(15) 最二判平成一五年九月一二日（民集五七巻八号九七三頁）。

(16) 最一判平成二〇年三月六日（民集六二巻三号六六五頁）。

(17) 最大判平成二九年三月一五日（刑集七一巻三号一三頁）。

(18) この最高裁判決では、「GPS捜査は……事前の令状呈示を行うことは想定できない。刑訴法上の各種強制の処分については……原則として事前の令状呈示が求められており……これに代わる公正の担保の手段が仕組みとして確保されていないのでは、適正手続の保障という観点から問題が残る」とし、その要件を満たすべく個々の事案ごとに裁判官が令状に条件を付すことも、刑訴法一九七条一項ただし書の趣旨に沿わないとして、「GPS捜査が今後も広く用いられ得る有力な捜査手法であるとすれば、その特質に着目して憲法、刑訴法の諸原則に適合する立法的な措置が講じられることが望ましい」としている。したがって、この多数意見だけをみれば、現行法上、GPS捜査は認められないように思われる。しかし、岡部喜代子、大谷剛彦、池上政幸裁判官の補足意見では、「極めて重大な犯罪の捜査のため、対象車両の使用者の行動の継続的、網羅的な把握が不可欠であるとの意味で、高度の必要性」がある場合には、令状の請求や発布を可能としている。そのため、補足意見もあわせて理解するならば、一定の場合には、（補足意見の表現を借りれば）「本来的に求められるべきとは異なった令状」に基づくＧＰＳ捜査は可能ということになるだろう。ただし、そうであるにしても、「多数意見を前提とする限り、捜査機関がＧＰＳ捜査を実施する可能性はほぼなくなったといわざるを得ない」（前田雅英「広域窃盗事犯の尾行とＧＰＳを用いた追跡捜査～最高裁大法廷平成29年3月15日判決　窃盗、建造物侵入、傷害被告事件～」ＷＬＪ判例コラム一〇一号）ものと思われる。

(19) *Katz v. United States*, 389 U.S. 347 (1967).

(20) *Id.* at 361.

(21) 現代社会でのプライバシーの問題に関しては、以下の文献を参照のこと。*See*, Daniel J. Solove, *Privacy and Power: Computer Databases and Metaphors for Information Privacy*, 53 Stan. L. Rev. 1393 (2001).

# 第1章

# 米国連邦最高裁の憲法判例展開の概要と情報プライバシーの権利の判断基準
## ――主観的期待と社会的承認――

## はじめに

本章では、まず、情報プライバシーの権利に関する米国連邦最高裁の憲法判例の概要をみていきたい。なぜなら、米国には、情報プライバシーの権利に関する多くの判例の蓄積があり、それは、日本にも大きな影響を与える可能性があるものと思われるからである。

さて、政府当局に収集された個人情報の管理および訂正などに関する諸問題は、米国の判例上、ほとんどがプライバシー法などの法令レベルの問題として処理されるため、合衆国憲法上の問題として現れることは、必ずしも多いわけではない。そのため、ここでは、修正四条の問題として扱われる犯罪捜査などに伴う情報収集に関する米国連邦最高裁判例をみていきたいと思う。そのことを通じて、米国連邦最高裁の情報プライバシーの権利に関する判断枠組みを確認していきたい。

そのうえで、その判断枠組みを検討し、現代の情報社会に相応しい情報プライバシーの権利の判断基準を考えていきたい。

# 1　米国連邦最高裁の憲法判例展開の概要

## (1) 純粋証拠法則とその放棄

はじめに、修正四条の下で収集できる証拠の範囲に関する判例を確認していこうと思う。

まず、一八八六年のボイド判決[1]からみていきたい。

これは、裁判官が被告に不正に輸入した物を記載した私的書類の提出を求めた命令が問題となった事案である。連邦最高裁は、その提出命令を修正四条および修正五条違反だとして、証拠から排除した。その際に、連邦最高裁判所は、修正四条および修正五条に関する諸原理が、「個人の家庭の神聖および生活の諸々のプライバシー（privacies）に対する政府およびその従事者によるあらゆる侵害に適用される」[2]とした。

つまり、本判決は、プライバシーの利益そのものを憲法上の権利と述べたわけではないが、しかし、少なくとも、修正四条および修正五条が、個人の生活の諸々のプライバシーの利益を保護することを明らかにしたといえる（ただし、後述するように、この時期の連邦最高裁の基本的な考え方では、修正四条の主要な目的は、コモンロー上の財産的利益の保護だとされていた）。

さらに、一九一四年のウィークス判決[3]は、捜査官が無令状で収集した証拠を排除することで、いわゆる違法収集証拠排除法則（exclusionary rule）が確立する。[4]

また、押収などできる証拠の範囲に関して、当初、連邦最高裁は、一九二一年のグールド判決[5]において、いわゆる純粋証拠法則（mere evidence rule）を採用し、純粋証拠とその他の証拠とを区別して純粋証拠を差し押さえの範囲外としていた。[6]

しかしながら、「『純粋証拠』を押収することは修正四条に反し、それを証拠として用いることは修正五条に反するという本法則は、その適用に際して、いくつかの問題点が指摘されるようになる」。つまり、「例えば、どのような物が、この『純粋証拠』に含まれるのかという問題である。グールド事件は、書類の押収が問題となった事案であったが、書類とそれ以外の所有物を区別したのではなく、あくまで『純粋証拠』と、その他の所有物を区別したにすぎない。つまり、『純粋証拠』と判断されれば、それを押収することはできないが、それ以外の『輸出入禁制品』、『犯罪取得物』、及び『犯罪供用物』に該当するものとみなされれば、手続的に適正な押収であれば証拠として許容される。そのため、これらの概念を広く解釈すれば、適正な手続に基づきさえすれば、より多くの押収物を証拠として用いることができることになる」のである。[7]

そして、一九六七年のワーデン判決[8]において、連邦最高裁は、「プライバシーは、犯罪供用物（instrumentality）、犯罪取得物（fruit）、または輸出入禁制物（contraband）に向けられた捜索と同様に純粋証拠物（purely evidentiary object）に向けられた捜索によっても、侵害されるものではない[9]」として、純粋証拠法則を放棄し、純粋証拠も差し押さえの対象となり得ることを明らかにしたのである。[10]

なお、修正四条の保障が、いわゆる行政調査にもおよぶものかどうかに関して、一九六七年のカマラ判決[11]は、修正四条の基本的な目的をプライバシーの保護などであるとしたうえで、「われわれは、犯罪の結果や道具に関する警察官による典型的な捜索よりも、私的財産の物理的状態に関する日常的な検査が、敵対的な侵害ではないことに同意する」けれども、「しかし、われわれは、これらの検査の事例で問題となる修正四条の諸利益が、たんなる『周辺』のものであることには同意できない。個人が犯罪行為を疑われる場合にのみ、個人や個人の私的財産が修正四条によって完全に保護されるということは、まったく奇妙なことである[12]」とし、「われわれは、本件の事例における行政調査が、修正四条によって保護される利益に対する重大な侵害であり、令状手続なしで許可され実施されたときには、そうした行政調査は修正四条が保障する伝統的な保護を欠いている[13]」として、修正四条が行政調査にもおよぶ可能性を認めている。ただし、行政調査のすべてに令状が求められるわけではない。

## (2)「有体物」と「物理的侵入」の要件とその動揺

では、修正四条の令状が必要とされるのは、どのような場合なのだろうか。つまり、修正四条は、どのような場合に、プライバシーを保護するのだろうか。

もともと、連邦最高裁は、修正四条の主要な目的をコモンロー上の財産的利益の保護にあると考えており、「ボイド判決以降、個々の財産に関して国家の側に優越的利益が存在するかどうかを考慮しながら、修正四条によって保護された財産権として認められるかを列挙・選別する作業を繰り返」してきたのである。そして、「『捜索（search）』の意義については、人・住居・書類・所有物という『憲法上保護された領域』への物理的な侵入であると考えられてきた。そのため、一九二八年のオルムステッド事件判決において、盗聴器で屋内の会話を傍受する行為が修正四条の規制の外に置かれてしまう事態が生じ」ることになる(14)。

すなわち、連邦最高裁は、オルムステッド判決(15)において、次のように判断したのである。まず、連邦最高裁は、修正四条でいう「捜索は、有体物に対するもの、つまり、身体、家屋、被告人の書類、または財物に対するものである(16)」として、修正四条で規制される捜索の対象範囲を限定した。そして、「もちろん、議会は、法律制定によって、電話盗聴されたときには、刑事裁判の証拠として許容できないようにすることで、通話内容の秘密を保護することができる」としながらも、「しかし、裁判所は、拡大された一般的でない意味を修正四条に帰することによって、そうした政策を採用することはできない」とし、「押収をなす目的のために、彼の家屋、『または宅地』の現実の物理的侵入」がない限り、修正四条に違反するものではないとしたのである(17)。

つまり、オルムステッド判決では、修正四条の捜索として規制対象となるためには、①その対象が有体物であること、そして、②それが物理的侵入によってなされること、の二つの要件が必要だとされたのである。そのため、オルムステッド判決では、電話盗聴は、修正四条の保障外と判断されたのである。

さて、このようにオルムステッド判決では、修正四条の捜索として規制対象となる要件として、これら二つを示したわけだが、しかし、同時に、連邦議会が通話内容の秘密を保護する法律を制定することも許容していた。そして、実際に、連邦議会は、一九三四年連邦通信法を制定している。

この連邦通信法に基づき、電話盗聴から直接得られた通話内容を証拠から排除することで通話内容の秘密を保障したのが、一九三七年の第一ナードン判決[18]である。

さらに、フランクファーター（Felix Frankfurter）裁判官の「毒樹の果実（a fruit of the poisonous tree)」という言葉で有名な一九三九年の第二ナードン判決[19]では、電話盗聴によって得られた情報に基づいて間接的に得られた情報についても、証拠として排除されている。

しかし、これら一連のナードン判決は、連邦通信法の解釈によって電話盗聴に基づく証拠を排除したのであって、修正四条の解釈を変更したわけではない。

再び修正四条の解釈が問題となった重要な判例としては、電子盗聴器による盗聴が問題とされた一九四二年のゴールドマン判決[20]があげられるだろう。

本件は、隣室から電子盗聴器によって盗聴が行われたため、一九三九年連邦通信法の適用対象にはならず、そのため、修正四条の解釈そのものが問題とされた。連邦最高裁判所は、オルムステッド判決を踏襲して、物理的侵入を伴わない電子盗聴器による盗聴は、修正四条違反にならないと判断したのである。

しかし、その後、連邦最高裁判所は、一応のところ、オルムステッド判決やゴールドマン判決の考えを維持しながらも、修正四条違反とされる要件を緩和していくことになる。

たとえば、盗聴するためにスパイクマイクを壁の裂け目に差し込んで、それが暖房ダクトに接触していた事例であるシルバーマン判決[21]において、連邦最高裁判所は、次のように述べている。すなわち、「修正四条およびそれが保障する個人的権利は、長い歴史をもつ。自分の家へ隠れる個人の権利および不合理な政府の侵入からの自由が、まさにその核心にある[22]」ことを強調し、暖房ダクトに接触するスパイク・マイクは、ほんの僅かな侵入であったにもかかわらず、それが憲法上保障された領域への現実の侵入（actual intrusion）を構成するとし、また、「有体物」ではない盗聴であったにもかかわらず、本件事例が修正四条に違反すると判断したのである。

### (3) プライバシーに対する「主観的期待」とその「社会的承認」の要件

そして、前述したワーデン判決において、連邦最高裁は、修正四条の主要な目的をコモンロー上の財産権とする立場を変更することになる。すなわち、「財産的利益が政府の捜索および押収に対する権限をコントロールするという前提は、すでに揺らいで来ている。たとえ政府がコモンロー上の優越的な財産的利益をもつと主張するとしても、捜索および押収が、修正四条において『不合理なもの』となり得るのである。われわれは、修正四条の主要な目的が財産よりもプライバシーの保護にあることを認めてきたのであり、そして、財産概念に基づく擬制的で手続的な障害を放棄してきた[23]」としたのである。

このように修正四条の主要な目的をプライバシー保護であるとしたなら、必ずしも、物理的侵入に拘る必要はなくなるはずである。そのことを連邦最高裁が明らかとしたのが、ワーデン判決と同年に出されたカッツ判決[24]である。そして、連邦最高裁は、オルムステッド判決やゴールドマン判決の立場を変更し、前述の二要件を明確に放棄することになる。

一九六七年のカッツ判決は、電子盗聴器と録音機を公衆電話の外部に設置して、会話を聴取した事例である。

カッツ判決において、連邦最高裁判所は、まず、修正四条違反の「捜索および押収」と言い得るための前提として、憲法上保護された領域への物理的侵入が必要だとする考えを放棄する。なぜなら、「修正四条は、人びとを保護するものであり、場所を保護するものではない」のであり、「自分の家、またはオフィスであってでさえ、人が故意に公けに曝す事柄は、修正四条の保障対象ではな」く、逆に、「公衆がアクセスし得る領域であってでさえ、私的なものとして維持しようとする事柄は、憲法上保護されるかもしれない[25]」ものであり、さらに、「われわれは、修正四条が有体物（tangible items）の押収だけでなく、口述を記録することにも、適用されると考えてきた」のであり、「修正四条が不合理な捜索および押収に対する人（「領域」だけではない）を保護すると認めるのなら、その修正条項の適用範囲が……物理的侵入の有無に関わり得ないことは明らか[26]」だからであるとしている。そして、連邦最高裁判所は、「電話ボックスを使用し、ドアを閉めて、電話をかけるために料金を払う人は、当然に、受話器に話す言葉が世界へ吹聴されることはないだろうと想定する権利をもつ。憲法を狭く読むことは、公衆電話が私的コミュニケーションで演じるようになった不可欠の役割を無視することになる[27]」とし、当該盗聴を、修正四条違反だと判断したのである（ただし、カッツ判決では、令状がない盗聴が修正四条違反とされただけであり、令状による聴取は、必ずしも憲法違反とはされていない）。

そして、カッツ判決の補足意見において、ジョン・M・ハーランⅡ裁判官は、次のように述べている。すなわち、「法廷意見の述べるところでは、『修正四条は人びとを保護するものであり、場所を保護するものではない』とされている。しかしながら、問題は、いかなる保護をそれらの人びとに与えるのかである」。そして、「先例から生じるルールについての私の理解によれば、二つの要件が存在するというものであり、すなわち、それは、第一に、人がプライバシーについての現実の（主観的な）期待を示していること、そして、第二に、その期待が、社会が『合理的なもの』として認める用意のあるものであること、である」としたのである[28]。

このハーランⅡ裁判官の考え方、すなわち、①その人がプライバシーについての現実の（実質的な）期待を示し、かつ、②社会が、その期待を「合理的なもの」として認めていること、の二つの要件で判断する枠組みは、その後の連邦最高裁判例でも引き継がれていくことになる（なお、本書では、たんに、①の要件を「主観的期待」、②の要件を「社会的承認」と表現することがある）。

たとえば、令状のないペン・レジスターの設置およびその利用が問題となった一九七九年のスミス判決[29]において、連邦最高裁判所は、カッツ判決のハーランⅡ裁判官の補足意見を踏まえながら、次のように述べている。すなわち、「修正四条の適用は、その保護に関する人がプライバシーの『正当な（justifiable）』、『合理的な（reasonable）』、または『合法的な（legitimate）期待』を主張できるかどうかに依存している」のであり、その修正四条の保護の適用の判断にあっては、独立した二つの基準によるとしている。それらの基準とは、「第一に、個人が自身の行為によって、『現実の（主観的な）期待を示している』かどうかであ」

り、第二に、「プライバシーについての個人の主観的な期待が、『社会が「合理的なもの」として認める用意のあるものである』かどうかである[30]」としたのである。

そのうえで、連邦最高裁は、ペン・レジスターの設置およびその利用について、次のように判断して、修正四条に違反しないとした。すなわち、「第一に、われわれは、ダイヤルする番号について、人々が、一般に、プライバシーのどのような現実の期待を享受するものなのか、疑問に考える」からである。つまり、「すべての電話利用者は、自身の呼び出しが完了するのが装置を繋ぐ電話会社を通してであることから、電話番号を電話会社へ『伝達』しなければならないことを理解している。さらに、すべての加入者は、自分たちがダイヤルする番号の恒久的記録を作るための設備を、電話会社がもつことを理解している」。また、「ほとんどの人々は、ペン・レジスターの秘密の（esoteric）機能に気づいていないかもしれないが、しかし、おそらく、一つの一般的な使用に関して、ある程度の認識をもっているだろう。すなわち、それは、迷惑または卑猥な電話をする人の識別を助けるものである[31]」。「第二に、たとえ、ダイヤルした電話番号が私的なままに維持されるだろうとの主観的期待を抱くにしても、この期待は、社会が『合理的なもの』と考えるものではない」からである。つまり、連邦最高裁判所は、「修正四条は、たとえ、その情報が限定された目的のためだけに用いられ、かつ、信頼が裏切られないだろうとの前提で開示されるとしても、第三者に開示され、そして、第三者によって政府当局に伝達された情報を、獲得することを禁止していない」としたのである[32]。

また、一九八六年のサラオロ判決[33]では、令状なしに行われた飛行機によるマリファナ栽培の観察が問題とされた。この事案に関して、連邦最高裁は、カッツ判決を踏まえて、「修正四条の分析の基準（touchstone）は、人が「プライバシーについての憲法上、保護された合理的期待」をもつかどうかである」[34]とし、そして、スミス判決を受けて、前述の二要件に言及したうえで、「私的な、あるいは商業的なフライトが日常的である時代では、自身のマリファナ栽培が高度一〇〇〇フィートからの肉眼による観察から憲法上保護されるものだと期待することは、合理的なものではない」[35]としている。一九八九年のライレー判決でも、空からの観察から保護されることに合理的な期待は認められないことから、「肉眼で視認可能なものを観察するために、高度四〇〇フィートで飛行機で飛ぶ警察には、令状を得る義務はない」とされた。[36]

さて、二〇〇〇年以降で注目すべき判例としては、次のものがある。

まず、二〇〇一年のカイロ判決[37]では、ヒートランプによるマリファナ栽培の疑いのため、公道から熱探知機（thermal-imaging device）で調べたうえで、その熱情報により捜索令状を取得した事案において、その公道からの熱探知機（thermal-imaging device）の使用にも捜索令状が必要かどうかが争われた。この事案について、連邦最高裁は、「修正四条によって市民に保障されるプライバシーの程度が、テクノロジーの進歩によってもまったく影響されないと主張することは、愚かなことである」とし、「今、われわれが扱っている問題は、保障されるプライバシーの領域を縮小するこのテクノロジーのパワーに、どのような制限があるのかである」[38]とした。そして、「その熱探知装置の使用がなければ、物理的侵入なしに得ることができなかったであろう家庭内部の情報を獲得するにあたって、熱探知装置を使用することは、修正四条の『捜索』にあたるとし、したがって、令状なしに行われた本件『捜索』を違憲だとした」[39]のである。

また、二〇〇六年のランドルフ判決(40)では、夫婦の一方が家宅捜索に同意したにもかかわらず、夫婦のもう一方が家宅捜索を拒否した場合にも、家宅捜索に修正四条で求められる令状を必要とするのかどうかが争われている。

これに関して、連邦最高裁は、「『修正四条の下で何が合理的かについての決定に際して、広く共有された社会的期待を考慮することの重要性』を強調した上で、「住居者たちが共有する建物（shared premises）のドアの前に立っている呼び出し人（caller）は、住居者の仲間（fellow tenant）が『外にいなさい』と言ってそこに立っているときに、他の居住者の招待が、立ち入りの十分な合理的理由になると確信できるものではない。十分な理由もなしに、これらの状況で家の中に入る分別のある人はいない」とし(41)、配偶者の一方が明確に家宅捜索を拒否している場合には、修正四条で求められる令状が必要であるとしたのである。

なお、前章でも述べたように、日本の最高裁でも、早稲田大学講演会名簿事件(42)において、「大学の行為は、上告人らが任意に提供したプライバシーに係る情報の適切な管理についての合理的な期待を裏切るものであり、上告人らのプライバシーを侵害するものとして不法行為を構成する」としており、米国連邦最高裁の判断枠組みと類似の立場であると考えてよいものと思われる。

## 2　カッツ判決を先例とする米国連邦最高裁の判断枠組みに関する批判的検討

### (1) アミタイ・エッツォーニの批判

しかしながら、こうしたカッツ判決を先例とする米国連邦最高裁の判断枠組みには、いくつかの批判もある。たとえば、アミタイ・エッツォーニ（Amitai Etzioni）は、米国連邦最高裁の判断枠組みに関して、次の八つの問題点をあげている[43]。

エッツォーニは、現代の政治・社会思想の潮流の一つであるコミュニタリアニズムに属する代表的な研究者の一人である。「現代のコミュニタリアニズムは、一九九〇年代に新たな政治・社会活動をめざす運動へと展開した」が、まさに「エッツォーニが主導する『応答するコミュニタリアニズム』は、『コミュニタリアン・ネットワーク』というNPOによって、機関紙『応答するコミュニティ』や叢書『権利と責任』などの発行、シンポジウムなどの活動や政治家への働きかけを通じて、彼らの主張を社会のなかで実現しようとするものである」[44]。このように、コミュニタリアニズムに属する研究者のなかでも、エッツォーニは、とくに注目すべき研究者の一人だといえる。

そして、こうしたエッツォーニが指摘する以下の八つの点には、米国連邦最高裁の判断枠組みに関する諸々の批判の要点がまとめられていると思われる。

まず、エッツォーニによれば、第一に、「修正四条の『プライバシーの合理的な期待』の基準は、トートロジー的であり循環的なものである」。なぜなら、連邦最高裁の判断枠組みでは、「プライバシーの個人的、社会的期待は、裁判所の判断に依存するものである」が、「その一方で、裁判官は、それらの判決のための基礎としてこれらの期待を用いる」からである。(45)

第二に、その枠組みにおける「プライバシーの合理的期待の基準は、裁判所によってとても影響されやすいだけではなく、様々な制度による影響にも従属している」ことである。そして、エッツォーニは、プライバシーの合理的期待に関わる「世論が裁判所だけでなく、その他の数多くの制度によっても影響されるという事実は、プライバシーの合理的期待についての信頼できる基準、あるいは、独立した基準をほとんど形成できなくする」とする。(46)

第三に、プライバシーの合理的期待を判断するにあたって、裁判官は、誰の考えを基に判断すべきなのかというものである。社会には、様々な考えをもつ多様な人たちがいる。エッツォーニによれば、「彼らがすべて同じ期待をもつだろうと考えることには、理由がないし、ほとんど根拠もない」のである。(47)

第四に、「プライバシーの社会的期待に頼ることは、実質的に、コンセンサスに頼ることになる」けれども、その場合、「どのぐらいのコンセンサスが『社会的期待（"societal" expectation）』というために必要なのか」が不明確であるという点である。つまり、「合衆国よりも小さな国であってでさえ、複雑な社会において完全なコンセンサスは、見いだすことはできない」が、そうだとすれば、「八〇パーセントの合意で十分なのだろうか」、それとも、「三分の二の過半数なのだろうか」というわけである。(48)

さらに、エッツォーニは、そうしたコンセンサスの問題について、「もし、それが正確に決定できるにしても、裁判所がそのコンセンサスに従うべきかどうかの問題は、もっと重要なことである」とする。なぜなら、「コンセンサスは重要な価値をもつ」けれども、「しかしながら、基本的権利が問題となっているとき、コンセンサスは、規範的観点から除外される」ものだからである。つまり、仮にプライバシー権が基本的権利であるとするならば、そうした基本的権利は、市民のコンセンサスによって左右されるべきものではないのである。したがって、エッツォーニによれば、コンセンサスを重視する「カッツ判決は、合衆国の政治システムが単純な民主主義ではなくリベラルな民主主義であるという、基本的ではあるが、しかし、重要でもある事実を踏みにじるものである」。そして、「カッツ判決が維持され、裁判所がそれに従い続けるのならば、その結果は、プライバシーの権利をせいぜい民主主義の多数決ルールの問題に引き下げることであろう」とする。エッツォーニは、「せいぜい（at best）」であることを強調したうえで、さらに批判をすすめ、「権利によってカバーされず、多数決ルールに従うそれらの公共政策の事項を決定するにあたっては、合衆国では賛成者の人数を数える」のであり、「各人は、それらが合理的なものかどうかに関する投票権をもつ」にもかかわらず、「カッツ判決の考えでは、市民の実際の投票なしに決定される。つまり、人々の考えは、たんなる予測なのである」とする。したがって、エッツォーニによれば、「カッツ判決は、便利なフィクションであり、われわれの政治形態のもっとも基本的な原理への重大な違反であり、消え去るべきものであり、それは早ければ早いほどよい」ものとなる。[49]

第五に、米国連邦最高裁の判断枠組みでは、①その人がプライバシーについての現実の（実質的な）期待を示し（主観的期待）、②社会が、その期待を「合理的なもの」として認めていること（社会的承認）の二つの要件を用いるけれども、「その二つの要件が対立するとき、裁判所はどうするべきなのかである」。エッツォーニによれば、実際のところ、裁判所は、「あらゆる被告人が、問題となっている事案でプライバシーの期待を主張するという理由で第一の基準を無視する」のであり、したがって、「プライバシーの期待のテストは、ほとんど排他的に社会の『合理的』期待についての客観的判断に基づいている」とされる(50)。

しかし、エッツォーニは、この第五の問題は、「カッツ判決の欠陥のなかでは、比較的軽微なものである」として、第六の批判をする。すなわち、「プライバシーの合理的期待の基準は、最近の技術的発展によってさらに弱体化されている。ソーシャルメディア（とくにフェイスブック）の高まりは、この傾向の適例である」とする。つまり、「フェイスブックが示すように、新しい通信や他の技術の進化と大規模な採用は、時間とともに、人々がプライベートだと考える行為についての公的な可視性を増加させる傾向がある」が、そうであるならば、連邦最高裁の判断枠組みにしたがえば、プライバシーの領域は減少していくことになるからである(51)。

第七に、連邦最高裁の先例では、「修正四条は、第三者に明らかにされた情報や第三者によって政府当局に伝えられた情報を獲得することを禁止していない(52)」点を批判する。

第八に、カッツ判決を先例とする米国連邦最高裁の判決を踏まえて、「カッツ判決は、合衆国を、家の外でのプライバシー保護の方向に、せいぜい、小さな一歩（a baby step）しか連れて行かなかった。合衆国が必要とするものは、不合理な捜索と押収に対して、家の内外両方の領域で捜索と押収に対してプライバシーを保護するプライバシーの原理であるが、カッツ判決は、家に過度に特権を与えている(53)」とする。

## (2) 事実の認識と規範的な判断

以上のようなアミタイ・エッツォーニによる米国連邦最高裁の判断枠組みに関する批判であるが、まず、第一、第二、そして、第三の批判は、たしかに分からないでもないところではあるけれども、プライバシー権に関する判決に限らず、そもそも、裁判所の判断がまったく（表現はいろいろとあるものの）いわゆる「社会通念」に頼らないことは想定できないだろう。そのことは、日本の裁判所の判断でも同様のことである。

その意味で、情報プライバシーの権利に関する判断枠組みにおいて、米国連邦最高裁が、二つ目の要件として、プライバシーの主観的期待について社会が「合理的なもの」として認めていること、をあげることは、必ずしも批判に値するものではないと思われる。そして、そのことは、第四の批判の前半部分に関しても、同様だといえるだろう。

第五の批判は、エッツォーニも重要な批判ではないとしているが、これは、批判というよりも、米国連邦最高裁の判断枠組みに関する認識の問題だと考えられる。たしかに、エッツォーニが指摘するように、米国連邦最高裁の判断枠組みでは、形式上は、二つの要件が示されているものの、実質的には、ほとんど二つ目の要件のみが機能するものと思われる。

そして、第七と第八の批判、すなわち、第三者に提供された情報の扱いや家を過度に重視する点に関しては、米国連邦最高裁の判例の傾向としては理解されるところではあるが、カッツ判決で示された判断枠組みそのものの問題というよりも、その運用や適用の問題であると考えられる。

さて、エッツォーニによる八つの批判のうち、おそらく、重要な点は、四つ目の後半部分と六つ目の批判だと思われる。

たしかに、プライバシーの主観的期待について社会が「合理的なもの」として認めているということが、そのことに関して社会の構成員、あるいは有権者のコンセンサスがあることを意味しているとするのであれば、エッツォーニの第四の後半部分、そして、第六の批判は当てはまるものと考えられる。

しかし、社会が「合理的なもの」として認めているかどうかは、あくまで事実の認識ではなく、規範的な判断であるとするならば、エッツォーニの批判は、必ずしも当てはまらないのではないだろうか。つまり、裁判所に求められているものは、「実際に社会が合理的だと考えているかどうか」という事実の認識ではなく、「社会が合理的だと考えている『べき』、あるいは、考え『なければならない』かどうか」という規範的な判断であると考えるべきだと思われる。

そして、この辺りの理解の違いは、第一、第二、第三、そして、第四の前半部分の批判が、必ずしも妥当しないことにも関わっているものと思われる(54)。

以上のように、エッツォーニによる批判は、プライバシーの主観的期待について社会が「合理的なもの」として認めているということが、そのことに関して社会の構成員、あるいは有権者のコンセンサスがあるという事実認識を意味しているとの前提によるものである。しかし、社会が「合理的なもの」として認めているということが、あくまで、社会が合理的だと考えている「べき」、あるいは、考え「なければならない」という規範的な判断であるとするならば、エッツォーニのそれらの批判は、必ずしも妥当するものではないと考えられる。

したがって、エッツィオーニによる批判は、カッツ判決以降の米国連邦最高裁の判断枠組みを否定するものというよりも、むしろ、情報プライバシーの主観的期待について社会が「合理的なもの」として認めているかどうかは、あくまで事実の認識ではなく、規範的な判断であるべきだということを示唆するものだと理解すべきと思われる。

### (3) アミタイ・エッツィオーニの四つの基準

さて、前述のように、エッツィオーニは、カッツ判決を先例とする米国連邦最高裁の判断枠組みを批判しているが、それでは、エッツィオーニは、カッツ判決を先例とする米国連邦最高裁の判断枠組みに代えて、どのような判断枠組みを考えているのだろうか。

エッツィオーニは、次の四つの判断基準を提案している。すなわち、第一に、「十分な証拠に基づき、かつ、公益（公安や公衆衛生など）に対する大規模な脅威に直面する場合にのみ、プライバシーを制限[55]」できるとする基準である[56]。

「第二に、公益を強化する必要があると判断した後、プライバシー侵害なしに公益を促進する方法を見つけることで、プライバシーの新たな制限を導入することなしに、この目標が達成し得るかどうかを立証しようと最善を尽くす[57]」という基準である。

「第三に、プライバシーを制限する方法が導入されなければならない場合であっても、侵襲性（intrusive）は最小限度のものであるべき[58]」という基準である。

そして、「第四に、必要なプライバシーを減らしている処置の好ましくない副作用を改善する処置は、これらの副作用を無視する処置よりも優先される[59]」という基準である。

しかし、エッツォーニが示した、これら四つの判断基準は、むしろ、米国連邦最高裁の判断枠組みに代えるものというよりも、むしろ、米国連邦最高裁の判断枠組みを精緻化したものと評価すべきではないだろうか。

つまり、これらは、米国連邦最高裁の判断枠組みである、①その人がプライバシーについての現実の（実質的な）期待を示し、かつ、②社会が、その期待を「合理的なもの」として認めていること、の二つの要件のうち、後者を重視しつつも、社会が「合理的ではない」と考える（つまり、プライバシーを制限する）べきであろう基準であると思われる。

したがって、そのように理解するのであれば、エッツォーニの示している、これら四つの基準は、必ずしも、米国連邦最高裁の判断枠組みと、矛盾、あるいは、対立するものではなく、むしろ、それを具体化し、発展させたものとして評価すべきものだと思われる。

ただし、たとえば、十分な証拠に基づき、かつ、公益（公安や公衆衛生など）に対する大規模な脅威に直面する場合にのみ、プライバシーを制限できるとする第一の基準において、何が「公益（公安や公衆衛生など）に対する大規模な脅威」に当たるのか、とくに、そこで想定する「公益」とは何なのかに関しては、前提となる憲法哲学によって異なってくるように思われる（たとえば、徹底したリベラリズムの立場と徹底したコミュニタリアニズムの立場とでは、「公益」の評価が異なるであろうことは、想像に難くないところだろう）。

そのため、これら四つの基準の具体的な適用段階においては、そうしたことにも十分に留意しておかなくてはならないだろう（なお、詳細は第四章で検討するが、本書の立場を先に述べれば、もし、その「公益」の判断をめぐって、社会の構成員の間で根深い道徳的不一致やイデオロギー対立がみられるのであれば、その「公益」の判断にあたっての司法の役割は、慎重なものでなくてはならないものと考えている）。

このように留意しなくてはならない点はあるものの、本書では、カッツ判決以降の米国連邦最高裁の判断枠組みを妥当なものとし、それを具体化する基準として、アミタイ・エッツォーニの四つの基準を評価したい。

## 3 プライバシー・パラドックス

### (1) プライバシー保護をしない

さて、先ほども述べたように、アミタイ・エッツォーニによる米国連邦最高裁の判断枠組みに関する第七と第八の批判、すなわち、第三者に提供された情報の扱いや家を過度に重視する点に関しては、カッツ判決で示された判断枠組みそのものの問題というよりも、その運用や適用の問題であると考えられる。

しかし、そうした運用や適用の問題の背景には、現代の情報社会における重要な問題があるものと思われる。すなわち、「プライバシー・パラドックス」の問題である。そこで、ここでは、少し視点を変えて、この「プライバシー・パラドックス」の問題を考えていきたい。そして、そのことを通じて、日本や米国の通説である自己情報コントロール権の構想の限界を示していきたい。

われわれの多くは、生活の様々な場面において、自身のパーソナル・データを開示している。たとえば、インターネットで買い物をするにあたって、あるいは、新しくポイント・カードを作成するにあたってである。さらに、ソーシャル・ネットワーキング・サービス（SNS）においても、しばしば、積極的にパーソナル・データを掲載している。

このように、われわれが、みずから自分たちのパーソナル・データを広く開示していることに関して、ダニエル・J・ソロブ（Daniel J. Solove）は、「人々は、プライバシーに関する強い懸念を表明するが、しかし、自分たちのプライバシーを守るための容易で安価な措置をとらない。このパラドックスは、『プライバシー・パラドックス』として知られたものである(60)」としている。

ソロブは、米国を代表するプライバシー権に関する研究者の一人である。

ソロブは、プライバシー権の概念化に関する新しい方法を主張していることで注目されている。すなわち、「ソロブは、プライヴァシー権の従来の定義化の試みを、プライヴァシー権に含まれる諸利益に共通し、かつ他の権利概念から区別できる本質的要素を設定し、それに基づいて、プライヴァシー権を概念化するものだとした上で、それに代わるものとして、彼がプラグマティック・アプローチと呼ぶ概念化の方法を提案している(61)」のである。すなわち、「ソロブは、プライヴァシー問題を引き起こす具体的な『プラクティス』に焦点を当てる」。「ここでソロブが使う『プラクティス』とは、慣習、規範、伝統を含む広い意味をもつものである。そして、様々なプライヴァシー問題を引き起こすプラクティスには、類似点もあれば、相違点もある。そこで、プライヴァシー権の概念化にあたって、ソロブが注目したのが、ヴィトゲンシュタインの有名な『家族的類似性』である。ごく簡単に言えば、ある家族の構成員をみたとき、それぞれ親子同士・兄弟同士・姉妹同市は少しずつどこかしら似ているが、すべての構成員に共通の要素はない。それでも、彼らは一つの家族として認識できる。こうしたことが、言語（概念）の世界でもあり得るというものである。ソロブは、まさにプライヴァシー権という概念がその家族的類似性の例に当たると考える[62]」のである。

そして、「ソロブの理解によれば、何かをプライヴァシー権として保障することは、社会におけるわれわれの権力関係を変えることなのである。そのため、あるプラクティスが、われわれの望むべき社会的展望――われわれの社会における望むべき権力関係――を促すものなら、それは保障されなければならないし、逆に、妨げるものなら、それは保障されるべきではないことになる」。「もちろん、ここでいう『望むべき社会的展望』とは、単に主観的な願望を意味しているわけではない。それは、規範論として、われわれが求めるべき社会のあり方を指している。そのため、究極的には、その国の憲法が示す社会的展望のことだといえる」。その意味で、ソロブのプライバシー権概念は、道具的なものとなる。また、「一般論として、その社会的展望を示すことは、必ずしも容易なことではない。しかしながら、われわれは、しばしば、特定の具体的な事柄――すなわち、具体的なコンテクストにおける個々のプラクティス――に関してなら、それが、われわれの望むべき社会的展望に照らして、保障されることが妥当かどうかを判断できるだろう」ことから、ソロブのプライバシー権概念は、コンテクスト依存的なものとなる[63]。

つまり、ソロブによれば、「われわれは、プライヴァシー権に含まれる諸利益の公分母を探すのではなくて、個々のプラクティス同士の限定された共通性・類似性を考察しなければならず、プライヴァシー権は、それぞれのプラクティスが、少しずつ、いくつかの共通性・類似性をもって広がるウェブ状に相互連結されたものとして、概念化されなければならないことになる。そして、どのようなものがプライヴァシー権として保障されるべきかは、われわれの望むべき社会的展望に依存して、規範的に評価されなければならない。したがって、われわれは、プライバシー権を道具的に、そして、コンテクスト依存的に評価しなければならないのである」(64)。そのうえで、(本書では詳しく述べないが) ソロブは、プライバシー問題を引き起こすプラクティスの分類を行い、それらがどのように相互に連結しているのかを示している(65)。

さて、こうした理論を主張し注目されるソロブであるが、彼が指摘する「プライバシー・パラドックス」は、パーソナル・データを自己管理すべきだと考える自己情報コントロール権説を前提とした場合、プライバシー保護の大きなテーマだと思われる。そして、このことは、先ほどのアミタイ・エッツォーニの米国連邦最高裁の判断枠組みに関する第六の批判にも関連するものであるといえるだろう。

### (2) プライバシー・パラドックスへの二つの応答

さて、ソロブは、こうした「プライバシー・パラドックスに対する応答は、典型的には、対立する二つのうちの一つをとる」とし、そのうちの一つは、「私が『行動評価論 (behavior valuation argument)』と呼ぶものを発展するものである」とする。そして、「この立場に立つ研究者は、プライバシー・パラドックスを受入れて、人々が述べていることよりも、行動が、人々が自分たちのプライバシーにどのぐらいの価値をおくのかを確実に示していると主張する。なぜなら、人々は、わずかな報酬のために自分たちのプライバシーを取引しているからであり、その主張は、人々の行動が、彼らのプライバシーを低い価値のものであるとしていることを示していると進んでいく」とする。さらに、この考えの主張者は、「プライバシー・パラドックスが、プライバシー規制が弱められるか、削減されるか、または、法律で定められないことを示唆すると主張する」としている。(66)

つまり、現代社会に生きるわれわれは、プライバシー保護の簡単な方法さえ行わずに、プライバシーを犠牲にしてわずかな利便性を享受しようとしているのだから、結局のところ、われわれは、プライバシーにそれほど高い価値を置いていないというわけである。したがって、プライバシーを保護する必要はないというのである。

それに対して、ソロブは、もう一つの応答として、次の考えをあげている。

すなわち、「私が『行動歪曲の議論（behavior distortion argument）』と呼ぶものであり、そこでは、研究者は、人々の行動が不合理である、あるいは、その実際の選好と矛盾すると主張する。そうした研究者は、人々の行動を歪める影響……を指摘する。したがって、人々の行動は、どのぐらい人々が自分たちのプライバシーに価値を置いているかどうかについての信頼できる測定基準ではない」とする。そして、この主張の「政策におけるその意味は、プライバシーに関する規制は、よりいっそう人々の現実の選好に沿う選択ができるように、行動を歪める影響を減少するように試みるべきであるということになる」としている[67]。

つまり、人々の行動は不合理なものであるから、人々がプライバシー保護の簡単な方法さえ行わないからといって、プライバシーに価値を置いていないと考えるべきではなく、むしろ、人々がプライバシー保護の方法を行わないという不合理な行動を直せるようにすべきだというのである。

### (3) プライバシーの価値とリスク

しかしながら、ソロブは、いずれの考え方も適切ではないとしている。ソロブによれば、そもそも、「プライバシー・パラドックス」そのものが誤解の産物ということになる。つまり、ソロブによれば、実のところ、「プライバシー・パラドックス研究における行動（behavior）とは、プライバシーの価値に関するものではない」のである。では、何に関わるものかといえば、「特定のコンテクストにおけるリスクに関する判断に関わるものなのである」。そして、ソロブによれば、「リスクに関する判断は、価値と異なるものなのである[68]」。つまり、人々がプライバシーに高い価値を置くかどうかということと、具体的な状況の下でプライバシーをリスクに曝す行動をするかどうかということとは、まったく別次元の問題だというわけである。

また、ソロブは、「ある人がどれほど自分自身のプライバシーに価値を置いているのかと、ある人が一般論としてどれほどプライバシーに価値を置いているのかの間にも違いがある。ある人は、個人的にはあまりプライバシーを欲してはいないけれども、しかし、他の人たちの自由と幸福にとってのプライバシーの重要性のために、社会的な観点からプライバシーに価値があると考えさえするだろう。ある人が自分自身のためにはプライバシーを選択しないからといって、それは、プライバシーの権利に価値を置かないことを意味するわけではない」ことを指摘する。[69]

そのため、ソロブによれば、「プライバシーの価値は、いかに安易に自分たちのパーソナル・データを売買しているのかを調査することによって、測定されない」ことになる。本人が自分のパーソナル・データを安易に売買しているかどうかは、人々のプライバシーのリスク評価の問題であって、プライバシーの価値の評価ではないのである。では、プライバシーにはどのような価値があるのだろうか。ソロブは、「特定のコンテクストにおける個人的な選択を超えた、そして、自分たち自身の理由だけではなく、より広い社会的利益のために、諸個人に保護を与えることに関わる多くの理由がある」とする。[70]

そして、そうしたプライバシーの価値が、「権力の制限」、「個人の尊重」、「評価の管理」、「適切な社会的境界の管理」、「信頼」、「自分のライフのコントロール」、「思想と言論の自由」、「社会的・政治的活動の自由」、「変化の能力とセカンド・チャンス」、「親密性、身体、セクシュアリティの保護」、「説明や自己正当化の不必要性」に資することをあげている。[71]

では、ソロブは、プライバシーに価値を置きながらも、人々がプライバシーをリスクに曝す行動に関して、どのように考えているのだろうか。

ソロブは、「プライバシーに関する人々の行動と考え方とのギャップに応じる一つの政策は、人々の意見に行動を適合するように、人々の行動の歪みに対処するように努めるというものである」とするが、「しかしながら、行動の歪みに対処することは、著しく大きなプライバシー保護にはつながらないだろう」と指摘する(72)。

なぜなら、「多くの場合において、人々が有意義な方法でプライバシーのリスクを評価することは可能ではない。この問題は、しばしば、プライバシーのリスクが、将来においてパーソナル・データが用いられる方法に関わるという事実から生じている。人々は、差し迫った用途に関して知らされ得るが、しかし、はるか将来の下流での用途を理解するのは、いっそう困難」だからである。つまり、「人々は、プライバシーの懸念を一般化することができるかもしれないけれども、特定の存在に提供された特定の一部のパーソナル・データに関わる特定の状況に、これらの懸念を変換することは、難しいことなのである(73)」。

ソロブは、「人々は、あちこちで少しのデータを提供しているが、特定の存在への個々の開示は、比較的無害であるかもしれない。しかし、そのデータが結合されたとき、それは個人の趣向や慣習に関する多くのことを、いっそう語るようになり始める。私は、この現象を『集積効果（aggregation effect）』と呼ぶ」としている。そして、「現代のデータ解析は、大量の個人データでパターンを調べているアルゴリズムを介して機能している」とし、「そのリスクの評価は、機械学習（大衆文化において『人工知能』として知られるものである）の発展に基づいて、よりいっそう複雑なものとなっている」ことを指摘している(74)。

しかも、ソロブは、そもそも、人々のパーソナル・データに関する行動は、決して不合理なものではないとしている。なぜなら、「パーソナル・データを共有することの利点は、しばしば、容易に確認でき、理解できるものである。たとえば、興味深い情報にアクセスする、友人と暮らしを共有する、新しい技術を利用する、金銭や割引、無料のサービスを受け取ることである。反対に、プライバシーのリスクは、しばしば、漠然としたものであり、抽象的で、不明確なものである」[75]からである。そうした状況下において、人々がパーソナル・データをサービスを受け取るために提供する行動は、決して不合理なものではないというわけである。

したがって、人々の不合理な行動を是正しようとする試みは、（そもそも、人々の行動が不合理なものではないのであるから）適切ではないことになる。

また、人々がプライバシー保護のための具体的行動を行わないことに関して、ソロブは、「プライバシーを保護する個々の選択や行為が個別に見られる場合、それは簡単なもので面倒なものではないように見える。人々がこれらの小さなステップをとらない場合、そのステップはとても小さなものであるために、人々は、プライバシーに関して気にかけていないように見られる。しかし、より大きなコンテクストが見逃されている。すなわち、全体としては、これらの小さな作業が、とても多くある」[76]ことを指摘する。そのため、「プライバシーの自己管理は、実行するには、あまりに圧倒的な作業なのである。人々がそれらを試みようとするときでさえ、人々は、告知に基づく決定をするにあたって、十分に理解することができない」[77]のである。

### (4) コントロールの限界

以上のことから、ソロブは、プライバシー保護の「問題は、研究が人々に示すプライバシー保護の選択が、ほとんどプライバシーの自己管理活動だということである」とし、「有意義なプライバシー保護は、主としてプライバシーの自己管理に基づかない。プライバシーを管理する権利を提供することは、特定のコンテクストでは有用なものであり得るが、しかし、人々がほとんど無限のプライバシーの自己管理をすることに基づくのであれば、プライバシーを保護するための全体的な戦略としては、失敗するだろう(78)」と指摘する。

そして、ソロブは、「プライバシー・パラドックスは、神話である。そして、それは、人々が自分たちのプライバシーに対する懸念を表明し、それに応えてプライバシーの自己管理を提供するが、プライバシーの自己管理の不可能なプロジェクトを成功し損なってしまい、そうして、幻滅し諦める、という悪循環から生まれるものである。人々は、プライバシーの懸念を表明し続ける。そして、その悪循環は繰り返し続ける。プライバシーの規制が有効であるためには、この悪循環から抜け出さなくてはならない(79)」とする。

もちろん、ダニエル・J・ソロブは、自己情報コントロール権説を完全に否定しているわけではない。しかし、こうしたソロブの考えは、現代社会において、自己情報コントロール権説の限界を指摘しているものだといえるだろう。そして、こうしたソロブの考えを踏まえるならば、情報プライバシーの保護は、新しい段階に来ているといえるのではないだろうか。

そして、憲法学においても、それにどのように対応すべきかが問われているものと思われる。

## おわりに

本章では、情報プライバシーの権利に関する米国連邦最高裁の憲法判例の展開をみてきた。米国の連邦最高裁は、一九六七年のカッツ判決で、有体物性と物理的侵入の二要件を放棄した。そして、そのカッツ判決におけるジョン・M・ハーランⅡ裁判官の補足意見において、修正四条の令状主義の対象となる要件として、「第一に、人がプライバシーについての現実の（主観的な）期待を示していること、そして、第二に、その期待が、社会が『合理的なもの』として認める用意のあるものであること[80]」があげられ、この新しい二要件が、今日にいたる連邦最高裁の判断の基本的な枠組みとなっている。

アミタイ・エッツォーニが指摘するように、この二つの要件のうち、実質的に機能するものは、第二の要件になると思われる。そして、エッツォーニによる批判を踏まえれば、社会が「合理的なもの」として認めているかどうかは、あくまで事実の認識ではなく、規範的な判断だと考えられるべきだと思われる。そして、エッツォーニが示す四つの基準は、連邦最高裁の判断枠組みを具体化し、発展させたものとして評価できるものと考えられる。

もちろん、たとえエッツォーニの示す四つの基準で補うとしても、連邦最高裁の判断枠組みである二要件は、いまだ不明瞭な基準だといえるかもしれない。たとえば、エッツォーニのいう第一の基準において、何が「公益（公安や公衆衛生など）に対する大規模な脅威」に当たるのかは、前提となる憲法哲学によって異なってくるだろう。したがって、これら四つの基準の具体的な適用段階においては、そうしたことに留意した慎重な判断と評価が求められるだろう。

しかし、その一方で、情報技術や時代の変化に応じて、情報プライバシーとして保護すべき内容も変化するとすれば（そして、情報技術の発展の速度に鑑みれば）、こうした柔軟な基準でなくてはならないように思われる。そうであるとすれば、重要なことは、そうした基準そのものを否定することではなく、そうした基準をどのように運用し適用していくかだといえるだろう。

本章では、エッツォーニの第七と第八の批判、すなわち、第三者に提供された情報の扱いや家を過度に重視する点に関しては、判断枠組みそのものではなく、その運用や適用の問題だとした。しかし、その運用や適用の問題の背景には、いわゆる「プライバシー・パラドックス」の問題があるものと考えられ、この「プライバシー・パラドックス」の問題は、結局のところ、現代の情報社会において、自己情報コントロール権説の限界を指摘しているものだと思われる。

もちろん、現代の情報社会においても、本人が自己情報を管理、コントロールすることが全否定されるわけではないし、本人が自己情報を管理、コントロールすることに重要な意味があるものと考えられる。しかし、そのことに依存し過ぎていては、現代の情報社会に、うまく対応していくことができないのではないだろうか。

つまり、自己情報コントロール権としての情報プライバシーの権利は、新しい段階に来ているものと思われ、憲法学においても、それにどのように対応すべきかが問われているものと思われるのである。

そのことに関しては、次章以降で検討していきたい。

＊

# 補論　リベラル・コミュニタリアンのプライバシー権論

## 1　現代社会におけるコミュニタリアニズムの影響

先ほど、本書では、徹底したリベラリズムの立場と徹底したコミュニタリアニズムの立場とでは、「公益」の評価が異なるであろうことは想像に難くないと述べたが、そうしたリベラリズムとコミュニタリアニズムとの間の論争が、注目されるようになって久しい。

すなわち、それは、「一九八〇年代後半から九〇年代にかけて、活発な論争を巻き起こした」が、しかし、「この論争は、二一世紀になってからはもはや沈静化したといえるが、それはコミュニタリアニズムがたんなるリベラリズム批判だけではなく、ときにはそれまでの欧米のリベラリズムに修正をもたらす、より積極的な主張として認められてきたからであると思われる。実際、コミュニタリアンの主張は、さまざまな政治思想や政治・社会運動にも影響を与え、とりわけ九〇年代に入ってから、アメリカの社会学者、アミタイ・エッツォーニが主導する『応答するコミュニタリアニズム』がその『綱領（platform）』を公表し、政治・社会運動を展開していく」のである[81]。

日本においても、様々な法令や施策において、コミュニタリアニズムの影響がみられるものと思われる。たとえば、地域包括ケアシステムの構築について、「長寿化が進む多くの先進諸国で、慢性疾患患者に対して適切なケアを提供するためには、これまでの急性期ケアのような、いわば単独の病気に対する短期的介入という方法ではなく、長期的で包括的・継続的なケアに移行しなければならないとするパラダイムシフトが始まりつつあ」り、「このシフトを促すために多くの先進国で昨今、採られている手法が、ケアサービスの連続性と統合を向上させ、その重要なプロセスとして、ケアの質・アクセス・効率性を改善するための『統合ケア（integrated care）』である」が、しかし、「日本は、このシフトを地域圏域という、市区町村が介護保険事業計画において設定した行政単位内で構築していこうという国際的にも稀な試行を始めた」のである[82]。つまり、地域包括ケアシステムとは、「『community-based』という概念と、『integrated care』という二つの概念からなる新たな理念として理解すべき内容[83]」なのである。さらに、二〇二〇年には社会福祉法が改正され、今日、日本では、地域包括ケアシステムを発展させた、いわゆる「地域共生社会」の実現が目指されている。いずれにしても、これらの施策では、何かしらの形で、そして、何かしらのコミュニティが重視されているのである。

それでは、コミュニタリアンの考えるプライバシー権の構想とは、どのようなものであろうか。もちろん、コミュニタリアンといっても様々な立場があり、本書で、それらのすべてをみていくことはできない。そこで、ここでは、前述のように政治思想としてだけではなく、政治・社会運動としても展開しているエッツォーニの考え方を取り上げたいと思う。

## 2　道徳秩序とインフォーマルな社会統制

エッツォーニは、自らをコミュニタリアンのなかでも、「リベラル・コミュニタリアン」であるとする。そして、リベラル・コミュニタリアン「の社会哲学は、個人の権利と公共の福祉の双方に言及しているアメリカ合衆国憲法に表わされている。そして、それは、政府についてのジェファーソン流の理論とハミルトン流の理論の間の長年に渡る対話において表されているのである[84]」としている。

また、「このリベラル・コミュニタリアン・アプローチは、一般に個人の権利（とくにプライバシー権）を強く主張し、権利を制限するにあたって明らかにしなければならない非常に高い基準を設定し、そして、そうした制限の容認を求める人たちに証明の負担を求めるアプローチとは、異なったものである。また、リベラル・コミュニタリアン・アプローチは、セキュリティのニーズが権利と対立する場合にはセキュリティが保護されなければならず、セキュリティは優先的なものでなければならないと考える人たちとも区別されもする[85]」としている。

さて、エッツォーニは、「コミュニティの道徳秩序は、二つの要素に基づいている。第一に、コミュニティの道徳文化である。それは、コミュニティのメンバーが同意する一連の享有された価値であり、することと、しないことについての行動規範に特定される。第二に、その規範を心にとめる人たちに報い、その規範に違反する人たちを罰する一連のインフォーマルな社会統制である」とし、そして、そうした「道徳秩序が機能するためには、プライバシーは制限されなければならない」とする。なぜなら、「インフォーマルな社会統制を達成するためには、反社会的な行動が行われていることに、コミュニティの構成員が気づかなければならないため、プライバシーは制限されなければならない」からである。(86)

## 3　公益とプライバシー権

そして、エッツォーニは、「プライバシーの権利の現在の理解を考慮する際に、歴史的コンテクストは、とくに重要なものである」とする。そして、「西側諸国において、個人の諸権利の主張は、かつての権威主義的な君主制と支配的な教会によって圧迫されていた新しい社会運動のグループの高まりに伴って増加したのであ」り、「個人主義、リベラリズム、そして、権利（とくにプライバシーの権利）の概念の高まりは、中世ヨーロッパにおいて一様にほとんどの人たちの生活に適用された権威主義的ルールを押し返そうとした政治的行為を合法化するのに役立った」としている。しかしながら、エッツォーニによれば、一九六〇年代以降、「場合によって、公益は、権利（とくにプライバシー）に対する過度の注意によって、徐々にむしばまれた」のである。[87] エッツォーニによれば、プライバシー権は、具体的な歴史的コンテクストのなかで、つねに再検討され続けなくてはならないものなのである。

もちろん、エッツォーニは、「プライバシーは、中心的な価値であ」り、「それは、政治的な異議、革新と個性化にとって不可欠なものであ」り、「法と公共政策のデフォルトの位置は、プライバシーがよく保護されていなければならないということでなければならない」ことを認めている。「しかし、社会は多様な価値に対応することを求められており、そして、これらの価値は、プライバシーと衝突するものなのである」とする。したがって、「リベラル・コミュニタリアンは、公益にもプライバシーにも特権を与えない」のである。[88]

そのため、プライバシー権と公益との調整が問題となるが、エッツォーニによれば、前述のように、「特定の社会が自らを見いだす所定の歴史的コンテクストにおいて、問題は対処されなければならない」のである。そして、「このコンテクストにおける最初の問題は、どのようにして道徳秩序（それは国家の強制的な役割を最小化することに資するものである）を維持するインフォーマルな社会統制を可能とするのかである。このことは、しばしば、個人の行動について、高い水準の可視性をコミュニティの他の構成員に認めること（つまり、社会的プライバシーを制限すること）を要求する」[89]のである。

以上のように、エッツォーニのリベラル・コミュニタリアンのプライバシー権の構想は、歴史的コンテクストを踏まえつつ、コミュニティの道徳秩序を重視するものである。そのためには、インフォーマルな社会統制が不可欠となり、そのインフォーマルな社会統制を達成するには、コミュニティ（の構成員）との関係で、一定程度、プライバシーが制限されなくてはならないというものである。

そして、エッツォーニによれば、「コミュニティのプロセスが失敗するか、不十分である場合に、（プライバシーの側か公益の側かは別にして）国家は介入する[90]」。したがって、コミュニティの道徳秩序がうまく機能していれば、それだけ国家の介入を減少させることができるのである。つまり、コミュニティとの関係でプライバシーを制限することで、国家によるプライバシー侵害を防ぐことができるというわけである。

## 4　制限主体のコントロール

さて、何かしらの公益を達成し維持するためには、一定程度、プライバシーが制限されなくてはならないことは、やむを得ないところだろう。たとえば、前述した地域包括ケアシステムや地域共生社会を実現しようとすれば、配慮が必要となる人たちのパーソナル・データを、一定程度、把握し管理しなくてはならない。

しかしながら、そのことを口実にプライバシー権を制限し過ぎてはならない。エッツォーニも認めているように、プライバシー権は重要な価値をもつものなのである。

したがって、おそらく、重要なことは、プライバシー権を制限する主体がプライバシー権を制限し過ぎないように（つまり、適切な対応をするように）、どのようにその主体をコントロールするのかであると考えられる。あるいは、プライバシーを制限する主体のコントロールができなかった場合に、プライバシー権の侵害の程度が、可能な限り、軽微なものに留まるようにすることだと思われる。

そのように考えた場合、われわれは、プライバシー権の制限主体を、国家、あるいは公権力と想定すべきなのだろうか、それとも、国家や公権力の代わりに、コミュニティを想定すべきなのだろうか。もちろん、国家や公権力に対する警戒感は、伝統的に重要なものではあるが、そうした伝統があるだけに、国家や公権力に対するコントロールのシステムは、(不十分ながらも) ある程度は機能している。しかしながら、コミュニティは多種多様なものであり、また、コミュニティのコントロールのあり方は、国家や公権力に対するものと比べて、十分な議論と実績の蓄積がないのではないだろうか。

したがって、コミュニティの道徳秩序を重視することで国家の介入を防ぐエッツォーニの構想は、魅力的なものではあるが、なお、慎重な検討が必要なものだと思われる。

【注】

(1) *Boyd v. United States,* 116 U.S. 616 (1886).

(2) *Id.* at 630.

(3) *Weeks v. United States,* 232 U.S. 383 (1914).

(4) 違法収集証拠排除法則については、以下の判例も参照のこと。*See, Siliverthorne Lumber Co. v. United States,* 251 U.S. 385 (1920), Mapp v. Ohio, 367 U.S. 643 (1960).

(5) *Gouled v. United States,* 255U.S. 298 (1921). これは、被告人の不在中に無令状で押収された書類が証拠とされたことが問題となった事案である。連邦最高裁は、問題となった書類が純粋証拠であることから、修正四条違反だとした。

(6) *Id.* at 309.

(7) 新保史生『プライバシーの権利の生成と展開』成文堂（二〇〇〇年）一九一頁。

(8) *Warden, Maryland Penitentiary v. Hayden*, 387 U.S. 294 (1967).

(9) *Id.* at 301-302.

(10) ただし、何が純粋証拠に当たるのかは、非常に微妙なところもあり、ワーデン判決以前から、純粋証拠法則は揺らいでいたともいえる。そのことに関しては、以下の判例を参照のこと。*See, Marron v. United States*, 275 U.S. 192 (1927), *Zap v. United States*, 328 U.S. 48 (1946).

(11) *Camara v. Municipal Court of City and County of San Francisco*, 387 U.S. 523 (1967).

(12) *Id.* at 530.

(13) *Id.* at 534.

(14) 堀田周吾「任意捜査の相当性判断に関する一考察」法学会雑誌四七巻一号（二〇〇六年）三〇頁。

(15) *Olmstead v. United States*, 277 U. S. 438 (1928).

(16) *Id.* at 464.

(17) *Id.* at 465-466.

(18) *Nardone v. United States*, 302 U.S. 379 (1937).

(19) *Nardone v. United States*, 308 U.S. 338 (1939).

(20) *Goldman v. United States*, 316 U.S. 129 (1942).

(21) *Silverman v. United States*, 365 U.S. 505 (1961).

(22) *Id.* at 511.
(23) *Supra* note 8 at 304.
(24) *Katz v. United States*, 389 U.S. 347 (1967).
(25) *Id.* at 351.
(26) *Id.* at 353.
(27) *Id.* at 352.
(28) *Id.* at 361.
(29) *Smith v. Maryland*, 442 U.S. 735 (1979).
(30) *Id.* at 740.
(31) *Id.* at 742.
(32) *Id.* at 743-744.
(33) *California v. Ciraolo*, 476 U.S. 207 (1986).
(34) *Id.* at 211.
(35) *Id.* at 215.
(36) *Florida v. Riley*, 488 U.S. 445 (1989). そのほか、飛行機からの観察が修正四条に違反するかどうかが争われた事案として、以下の判決も参照のこと。*See*, *Dow Chemical Co. v. United States*, 476 U.S. 227 (1986).
(37) *Kyllo v. United States*, 533 U.S. 27 (2001).
(38) *Id.* at 33-34.
(39) 拙稿『中絶権の憲法哲学的研究――アメリカ憲法判例を踏まえて』法律文化社（二〇一三年）一九八頁。
(40) *Georgia v. Randolph*, 547 U.S. 103 (2006).

(41) *Id.* at 111-113. 前掲注39・小林、二〇三頁。
(42) 最二判平成一五年九月一二日（民集五七巻八号九七三頁）。
(43) Amitai Etzioni, *Eight Nails into Katz's Coffin*, 65 Case W. Res. L. Rev. 413 (2014).
(44) 菊池理夫『現代のコミュニタリアニズムと「第三の道」』風行社（二〇〇四年）一六七頁。
(45) Etzioni, *supra* note 43 at 413.
(46) *Id.* at 415-416.
(47) *Id.* at 416.
(48) *Id.* at 419.
(49) *Id.* at 419-420.
(50) *Id.* at 420-421.
(51) *Id.* at 421-423.
(52) *Id.* at 423.
(53) *Id.* at 428.
(54) ただし、そのように考える場合には、では、なぜ、裁判所が、社会が合理的だと考えている「べき」、あるいは、考え「なければならない」かどうかを判断ができるのか、その正当性はどのように説明されるべきなのかに関する問題が生じる。この問題は、まさに立憲主義と民主主義との緊張関係に関わる問題であり、本書で扱うには大き過ぎるものだと考えられる。そのため、本書では、第五章で関連する問題について検討するものの、この問題に関しては、基本的には別稿での検討に委ねることにしたい。
(55) Amitai Etzioni, *A Liberal Communitarian Conception of Privacy*, 29 J. Marshall J. Computer & Info. L. 419 (2012) at 436.

(56) なお、エッツォーニによれば、「二〇〇一年の祖国であるアメリカへの攻撃（そして、攻撃が繰り返されて、拡大されるという危険）は、十分に証拠に裏付けられ、かつ大規模な危険としての要件を完全に満たしている」（*Id.* at 437）。
(57) *Id.* at 437.
(58) *Id.* at 438.
(59) *Id.* at 438.
(60) Daniel J. Solove, *The Myth of the Privacy Paradox*, 89 GEO. WASH. L. REV. 1 (2021) at 2.
(61) 前掲注39・拙著一二八頁。なお、ダニエル・J・ソロブのプライバシー権の概念化に関する考えについては、以下の文章を参照のこと。*See*, Daniel J. Solove, *Conceptualizing Privacy*, 90 CALIF. L. REV. 1087 (2002).
(62) 同前・拙著、一三五—一三六頁。
(63) 同前・拙著、一三七頁。
(64) 同前・拙著、一三八—一三九頁。
(65) *See*, Daniel J. Solove, *A Taxonomy of Privacy*, 154 U. PA. L. REV. 477 (2006). その他、ソロブの分類に関しては、同前・拙著、一三九—一四四頁を参照のこと。
(66) Solove, *supra* note 60 at 3.
(67) *Id.* at 3-4.
(68) *Id.* at 24.
(69) *Id.* at 24.
(70) *Id.* at 37-38.
(71) *Id.* at 38-41.
(72) *Id.* at 41-42.

(73) *Id.* at 43.

(74) *Id.* at 43.

(75) *Id.* at 44.

(76) *Id.* at 45.

(77) *Id.* at 46.

(78) *Id.* at 48–49.

(79) *Id.* at 49.

(80) *Supra* note at 361.

(81) 前掲注44・菊池、一八頁。

(82) 筒井孝子『地域包括ケアシステム構築のためのマネジメント戦略――integrated care の理論とその応用――』中央法規（二〇一四年）三三頁。地域包括ケアシステムに関しては、二木立『地域包括ケアと地域医療連携』勁草書房（二〇一五年）、同『地域包括ケアと福祉改革』勁草書房（二〇一七年）も参照。

(83) 同前・筒井、九頁。

(84) Etzioni, *supra* note 55 at 420.

(85) *Id.* at 421.

(86) *Id.* at 421–422.

(87) *Id.* at 441.

(88) *Id.* at 460.

(89) *Id.* at 460–461.

(90) *Id.* at 434.

# 第2章 個人識別情報概念の再構成——自己情報のコントロールの限界を補うものとして

## はじめに

前章では、情報プライバシーの権利について、米国連邦最高裁の判断枠組みである、①「主観的期待」と、②「社会的承認」を妥当なものだとした。また、アミタイ・エッツォーニが米国連邦最高裁の判断枠組みを批判し、それに代わるものとして提示する四つの基準は、むしろ、米国連邦最高裁の判断枠組みを具体化するものだと評価した。

そして、エッツォーニが批判する第三者に提供された情報の扱いなどに関しては、情報プライバシーの権利の判断枠組みそのものではなく、その運用や適用の問題であるとした。

しかしながら、その問題の背景には、いわゆる「プライバシー・パラドックス」の問題があり、この「プライバシー・パラドックス」の問題は、現代の情報社会における自己情報コントロール権説の限界を指摘しているものだとした。つまり、現代の情報社会における情報プライバシーの権利は、本人が自己情報を管理、コントロールすることに依存し過ぎるべきではないと考えたのである。

では、どのようにすれば、本人が自己情報を管理、コントロールすることに依存し過ぎない形で、情報プライバシーの権利を保護することができるのだろうか。

本章では、この問題に関して、検討していきたい。

## 1　個人識別情報の概念化に関する従来の三つのアプローチ

さて、現在の日本の情報法制の中心的概念の一つとして、「個人情報」概念がある。

たとえば、情報プライバシーを保護する重要な法律の一つである、個人情報の保護に関する法律（いわゆる「個人情報保護法」）の一条では、「この法律は、高度情報通信社会の進展に伴い個人情報の利用が著しく拡大していることに鑑み、個人情報の適正な取扱いに関し、基本理念及び政府による基本方針の作成その他の個人情報の保護に関する施策の基本となる事項を定め、国及び地方公共団体の責務等を明らかにするとともに、個人情報を取り扱う事業者の遵守すべき義務等を定めることにより、個人情報の適正かつ効果的な活用が新たな産業の創出並びに活力ある経済社会及び豊かな国民生活の実現に資するものであることその他の個人情報の有用性に配慮しつつ、個人の権利利益を保護することを目的とする」とし、同法二条一項一号で、ここでいう「個人情報」について、「特定の個人を識別することができるもの（他の情報と容易に照合することができ、それにより特定の個人を識別することができることとなるものを含む。）」としている。

また、少し表現は異なるけれども、行政の保有する情報の公開に関する法律（いわゆる「情報公開法」）は、その五条一号において、不開示情報として、「個人に関する情報（事業を営む個人の当該事業に関する情報を除く。）であって……特定の個人を識別することができるもの（他の情報と容易に照合することができ、それにより特定の個人を識別することができることとなるものを含む。）」をあげている。

これらの法律で重要なことは、「個人情報」は「個人を識別することができる」情報なのであるが、たんに直接的に個人を識別できる情報だけではなく、「他の情報と容易に照合することができ、それにより特定の個人を識別することができることとなるものを含む」としていることである。つまり、日本の情報法制における「個人情報」とは、識別される可能性のある個人に関する情報にまで拡張された概念なのである。

ところで、ポール・M・シュワルツ（Paul M. Schwartz）とダニエル・J・ソロブは、その共著論文において、「情報プライバシーに関する法は、ＰＩＩ（Personally Identifiable Information）の概念を必要としており、したがって、その中心的な局面の一つとして、ＰＩＩを放棄することができない」としている（なお、本書では、Personally Identifiable Informationを「個人識別情報」と訳す）。ただし、シュワルツとソロブは、「プライバシーに関する法が、将来においても有用であり続けるためには、ＰＩＩは、再概念化されなければならない」としている。(1)

本章では、このシュワルツとソロブの「個人識別情報（ＰＩＩ）」の再概念化の考え方を参考にして、どのようにすれば、本人が自己情報をコントロールすることに依存し過ぎない形で、情報プライバシーの権利を構成することができるのか、を検討していきたい。

シュワルツとソロブは、「情報プライバシーに関する法は、今日の個人識別情報（Personally Identifiable Information：以下、ＰＩＩとする）の不安定なカテゴリーに依って立っている。このカテゴリーに入る情報は保護され、その外の情報は保護されない」[2]とし、「ＰＩＩは、プライバシー規制において、もっとも中心的な概念の一つである」と指摘している（そのことは、前述のように日本の情報法制においても、同様だといえるだろう）。

シュワルツとソロブは、この個人識別情報かどうかの判断にあたって、これまで三つのアプローチが存在していたとしている。

まず、一つ目のアプローチは、トートロジー的アプローチである。

シュワルツとソロブによれば、これは、ビデオプライバシー保護法（ＶＰＰＡ）などに見られるもので、「ＰＩＩを、人を特定するすべての情報と定義する」ものである。彼らは、一方で、「トートロジー的アプローチの長所は、他の基準と同様に、その性質上、閉じられたものというよりは、むしろ、開かれたものだということである」とし、「基準として、それは、新しい状況に応じて発展でき、柔軟なままであり続けることができる」としている。しかし、他方で、「トートロジー的アプローチに関する問題は、それがＰＩＩを定義し、あるいは、どのようにそれを判断するのかについて、説明し損なっていることである」

とする。つまり、「その核心部分において、このアプローチでは、たんに、PIIはPIIであると述べて」おり、「その結果、この定義は、PIIとPIIでないもの（non-PII）とを区別するにあたって、役に立たない」とするのである。[3]

二つ目は、非公開（non-public）アプローチである。

シュワルツとソロブによれば、このアプローチも、基準の一種であり、金融サーヴィス近代化法（いわゆる「グラム・リーチ・ブライリー法（GLBA）」[4]）などにみられるもので、「それが何なのかというよりも、それが何かではないということに焦点を当てて、PIIを定義しようとする」ものである。つまり、「非公開アプローチでは、公にアクセスできる情報と純粋に統計的である情報の概念に基づく」もので、それら二つの情報を除くものが、PIIだとするアプローチである。シュワルツとソロブによれば、この「非公開アプローチの問題は、情報が実際に人を識別できるかどうかに位置づけられていないことである。データが公の状態にあるか私的な状態にあるのかは、そのデータが人を識別できるものかどうかと、しばしば、マッチしていない。たとえば、ある人の氏名や住所は、明らかに個人を識別するデータであるが、それにもかかわらず、そうした情報は典型的に電話帳にリストされるものであるため、公的な情報だと考えられるかもしれないのである[5]」。

三つ目のアプローチは、列挙事項的（specific-types）アプローチである。

シュワルツとソロブによれば、これは、児童オンラインプライバシー保護法（COPPA）[6]などにみられるもので、「PIIを構成するデータを列挙するものである」。そして、「このアプローチは、準則のクラシカルな例の一つである」[7]。しかし、彼らは、このアプローチは「定義を提供できないでいる。つまり、このアプローチは、たんにＰＩＩの例をリストするだけで、どのタイプの情報が、そのリストに属するのかを決定する概念や方法を提供するものではない[8]」として、批判している。

ところで、日本の情報法制をみた場合、前述のように、たとえば、いわゆる個人情報保護法では、個人情報について、「特定の個人を識別することができるもの」としている。つまり、日本の情報法制は、シュワルツとソロブの分類におけるトートロジー的アプローチに基づいているといえる。

したがって、日本の情報法制に関しては、シュワルツとソロブのトートロジー的アプローチに対する批判が、そのまま、当てはまるといえるだろう。

では、こうした従来のアプローチに代えて、個人識別情報概念に関して、どのような捉え方が可能なのだろうか。

## 2　個人識別情報概念の捉え方

これまでみてきたように、従来の個人識別情報の概念化のアプローチには、それぞれ、問題があったといえる。

そのため、一つの可能性としては、情報法制において、個人識別情報概念を放棄することも考えられるかもしれない。すなわち、「ＰＩＩ問題は気が重くなるものに思われ、その劇的な解決は、情報プライバシーに関する法における中心的な概念として、ＰＩＩを放棄してしまう(9)」というのである。

しかし、シュワルツとソロブは、「ＰＩＩを放棄することには問題がある。なぜなら、ＰＩＩの概念は、重要な機能を果たしているからである。つまり、その重要な役割とは、プライバシー規制の境界を確立することである。ＰＩＩの概念なしには、プライバシー法の範囲を制限することはできない」と主張する。そして、「情報であふれている世界において、法が、情報のすべてを規制することができるはずもない」し、「しかも、規制に対する適切な境界がなければ、プライバシー権は、実質的に統計学的なデータのすべての断片も含めて、ほとんど無限に近い情報を保護するところまで、拡大してしまう(10)」と主張する。

そのため、シュワルツとソロブは、「われわれは、プライバシーに関する法が、ＰＩＩの概念を放棄すべきだという考えを拒絶する(11)」と主張する。

たしかに、個人識別情報概念に代わる何かが見つからない限りは、情報法制において、保護すべき情報とそうでない情報とを区別する概念として、（唯一のものではなかったとしても）個人識別情報概念は不可欠なものであり、もし、個人識別情報概念が放棄されたなら、保護すべき情報とそうでない情報とを区別できなくなる。

したがって、有用な情報法制のためには、われわれは、やはり個人識別情報概念に頼らざるを得ないものと思われる。

ただし、シュワルツとソロブは、従来の個人識別情報概念に頼るのではなく、個人識別情報概念を再構成しなければならないとしている。

個人識別情報概念の再構成にあたって、シュワルツとソロブは、まず、それを「基準（standard）」として捉えるべきか、それとも、「準則（rule）」として捉えるべきかを検討している。そして、次の理由から、基準として捉えるべきだとしている。まず、「第一には……準則は、時代遅れになり得るが、一般的に、基準は、急速に変化する状況に対処するための優れた選択だからである」。「第二の理由は、規制される行為の混在的な性質のためである」。そして、第三の理由は、「PIIの基準は、準則がデータをPII、あるいは非PIIであると定義することが有用となる個々の領域を、確認できるメリットをもつからである。もし、データ利用の特定のサブカテゴリーに関する技術や社会の発展が落ち着いたなら、広い基準を補う固い準則を定式化することも可能かもしれない」からである[12]。

たしかに、準則の場合には、概念が固定化されてしまい、時代の変化に対応することが難しい。それに対して、基準の場合には、開かれた概念であるため、時代の変化に柔軟に対応できることになる。現在の情報社会では、情報処理技術の発展は日進月歩であり、それに合わせて、社会の変化も早く激しいものとなっているのである。

したがって、シュワルツとソロブが主張するように、情報法制の中心的概念としての個人識別情報は、基準として捉えることが望ましいように思われる。また、彼らが述べるように、情報法制において規制対象となる行為は、実際、様々なものが混在しており、準則によって列挙することは困難であろうと考えられ、さらに、一般論として基準と捉えたとしても、そこから、準則へと発展することも可能であり、その意味においても、個人識別情報概念を捉えるにあたっては、基準の方が優れていると評価できるだろう。では、個人識別情報概念を基準として捉えるにしても、具体的には、どのように考えればよいのだろうか。

## 3 個人識別情報概念の新たな構成

シュワルツとソロブは、個人識別情報概念を、識別された個人に関わる情報とする「合衆国の縮小主義的アプローチ（reductionist approach）」と、識別される可能性のある情報も同じように扱う「欧州連合の拡張主義的アプローチ（expansionist approach）」とを比較したうえで、「合衆国の縮小主義的アプローチよりも、欧州連合の拡張主義的アプローチの方が、テクノロジーに適合している」としながらも、「欧州連合の拡張主義的アプローチは、識別される可能性のある個人に関する情報と識別された個人に関する情報とを、概念上、同じものとして扱うために、欠陥を有することになる」としている(13)。

実際、現代の情報技術の発展は、非常に急速なものである。そのため、いまだ識別される可能性のある個人に関する情報のレベルに留まるものであったとしても、いつ、それが、識別された個人に関する情報に変わるかもしれない。したがって、シュワルツとソロブが主張するように、現代の情報技術の急速な発展を踏まえるなら、縮小主義的アプローチよりも、拡張主義的アプローチの方が、適合的だと考えられる。

しかし、だからといって、識別される可能性のある個人に関するすべての情報が、つねに、すでに識別された個人に関する情報と、同じように保護すべきものだとはいえないだろう。したがって、シュワルツとソロブが指摘するように、それらの情報を同じように扱うとすれば、やはり、問題だと思われる。

そこで、シュワルツとソロブは、個人識別情報概念を再構成し、彼らがＰＩＩ2.0モデル（以下、たんに、ＰＩＩ2.0という場合もある）と呼ぶ考え方を提案している。

このＰＩＩ2.0モデルは、情報を、個人を識別する危険性のない情報から、識別された個人に関する情報に至る連続体として捉えるものである。すなわち、シュワルツとソロブによれば、「われわれのモデルは、識別化の危険性のない情報から始まり、個人を識別する情報に終わる連続体のうえに、情報をおくものである」。そして、「われわれは、このスペクトラムを三つのカテゴリーに分ける……。すなわち、ＰＩＩ2.0モデルにおいて、情報は、（１）個人識別された情報、（２）個人識別可能性のある情報、そして、（３）個人識別不可能な情報、に分けられるのである」（なお、シュワルツとソロブは、たとえ形式的には個人識別可能性があるのに留まるものであったとしても、個人識別されるリスクが、相当程度、高い場合には、個人識別された情報として扱うとしている[14]）。

そして、シュワルツとソロブは、それぞれのカテゴリーごとの保護を考えるにあたって、FIPs（Fair Information Practices）として、次のものをあげる。

彼らによれば、「FIPsの基本的なツールキットは、次のものを含んでいる。①情報利用の制限、②データ収集の制限（データの最小化）、③個人情報の開示の制限、④正確で、適切で、最新の情報のみを収集し、利用すること（データの質の原則）、⑤通知、アクセス、訂正の権利、⑥関係する個人が知ることができ、理解することができる処理システムの創造（透明性のある処理システム）、そして、⑦個人データのセキュリティ、である」。そして、彼らは、「情報が、識別された個人に言及される場合には、FIPsのすべてが、通常、適用されるべきである」とする。ただし、「個人識別可能性のある情報のカテゴリーに関しては、個人識別された情報と、完全に同じように扱うことは適切ではない」としている。(15)

それでは、個人を識別する可能性のある情報に関しては、どのように扱うべきなのだろうか。

それに関して、シュワルツとソロブは、次のように述べている。

すなわち、「ある人に関して識別可能性のあるデータが処理されるだけで、通知、アクセス、訂正の権利が、完全に当該個人に与えられるべきではない。一つには、法がそのような利益をつくるならば、これらの義務は、そうしたすべてのデータが特定の個人と結び付けられるように要求することになり、プライバシーを増やすというよりも、むしろ、かえって、プライバシーを減らすことになるからである」。つまり、通知、アクセス、訂正の権利を個人に保障するためには、その個人を識別しなければならず、そうすると、識別可能性がある情報に留まっていたものは、必然的に、識別された個人に関する情報へと変わることになってしまう。したがって、通知、アクセス、訂正の権利の保障は、かえって、プライバシー保護にとって、望ましくない結果を引き起こしてしまうため、それらの権利は、保障すべきではないというのである。

さらに、シュワルツとソロブは、「情報利用の制限、データの最小化、そして、個人情報の開示の制限は、個人識別される可能性のある情報に、全面的には適用すべきではない」としている。なぜなら、「そうした制限は、データの利用から生じるリスクにとって不相応なものだろうし、また、個人のプライバシーへの危害の重大なリスクを生じない解析論的な社会の生産的利用を麻痺させもするだろう」からである。(16)

ただし、シュワルツとソロブは、個人識別される可能性のある情報に関しても、いくつかのFIPsは、適用すべきだとしている。

すなわち、シュワルツとソロブは、「いくつかのFIPsは、個人識別される可能性のあるデータに適用されなければならない。キーとなるFIPsは、データのセキュリティ、透明性、そして、データの質に関するものである(17)」と主張するのである。

さて、以上をまとめると、シュワルツとソロブが個人識別情報を再構成して示したＰＩＩ2.0とは、次のようなものだといえる。

まず、情報を、個人を識別する危険性のない情報、個人識別の可能性のある情報、個人識別された情報の三つのカテゴリーに分けたうえで、個人識別された情報には、シュワルツとソロブがいうFIPsの七つのツールキットのすべてを適用すべきだとする。

そして、個人識別の可能性のある情報には、少なくとも、通知、アクセス、訂正の権利は保障せず、また、情報利用の制限、データの最小化、個人情報の開示の制限についても、適用は否定的に考える。その一方で、データの質の原則、透明性のある処理システム、個人データのセキュリティのツールキットは適用すべきだとするものである。

それでは、こうしたシュワルツとソロブが再構成した個人識別情報概念、すなわち、ＰＩＩ2.0の有用性は、どこにあるのだろうか。

シュワルツとソロブによれば、「ＰＩＩ2.0の利点は、企業が、情報を、できるだけ個人を識別しない状態に保つインセンティヴを生み出すことにある。もし、われわれが、ＰＩＩを放棄するか、あるいは、識別された個人に関する情報と個人が識別される可能性のある情報とを同じように扱うのなら、企業は、データができる限り個人を識別しない状態に保つために、資源を費やそうとはしないだろう」。すなわち、「ＰＩＩ2.0は、企業に、情報を個人識別の可能性のある状態か、あるいは、個人識別不可能な状態のまま維持するために、資源を投ずるモチベーションを与えるであろう」ものなのである(18)。

たとえば、もし、ある情報が、個人を識別する可能性のある状態に留まっていた場合であったとしても、すでに個人を識別した状態の場合と同じだけの義務が課されるとすれば、企業としては、個人を識別してしまった方が情報の価値が高くなるのなら、当然、個人を識別する状態にするものと思われる。しかし、個人の識別性が高まるほど、課される義務が増える（つまり、企業にすれば、コストが高まる）のなら、個人を識別することで増すことになる情報の価値とのバランスのなかで、コストが上回るとすれば、そこから個人を識別することを避けるインセンティヴが生じるというわけである。

その結果、ＰＩＩ2.0は、一方で、個人情報を利用することの有用性に配慮しながらも、他方で、情報プライバシーの保護を高めるだろうと考えられるのである。

## 4　検討

前述したように、日本でも通説となっている自己情報コントロール権説において、「個人識別情報」は、その中心的概念の一つだといえる。

また、実際の情報法制においても、同様である。

そして、日本の情報法制の規定をみる限り、そこでの個人識別情報概念は、シュワルツとソロブの分類におけるトートロジー的アプローチに基づいたもので、捉え方としては、準則ではなく、基準に当たり、また、彼らのいうところの「欧州連合の拡張主義的アプローチ」に該当するものだと考えられる。

したがって、日本の情報法制における個人識別情報概念に関しては、シュワルツとソロブの「欧州連合の拡張主義的アプローチ」に対する評価が、そのまま、当てはまることになるだろう。

すなわち、その個人識別情報概念は、一方では、現代の情報技術の急速な発展に対応するものだといえるかもしれないが、しかしながら、他方で、個人識別の可能性のある情報とすでに個人識別された情報を区別することなく、それらをすべて、すでに個人識別された情報と同じように保護する点において、大きな欠陥を有する可能性があるものと思われる。

つまり、ある意味においては、「他の情報と容易に照合することができ、それにより特定の個人を識別することができることとなるものを含む」とすることにより、日本の情報法制では、「個人情報」概念を、個人識別される可能性のある情報にまで拡張することで、情報プライバシーの保護を拡大させたようにいえるのかもしれない。しかしながら、前述のように、個人を識別する可能性の状態に留まっていたとしても、すでに個人を識別した状態の場合と同じだけの義務が課されるため、企業としては、個人を識別してしまった方が情報の価値が高くなるのなら、当然、個人を識別する状態にしてしまう可能性が生じ、その結果、情報プライバシーの保護が減少することになるかもしれないのである。

こうした問題を避けるためには、シュワルツとソロブが提案するＰＩＩ2.0のように、個人識別のリスクの程度に応じて、課される義務、すなわち、コストを変える必要があるように思われる。なぜなら、彼らが主張するように、個人識別のリスクの程度に応じて課される義務も変えるなら、個人を識別することで増す情報の価値とのバランスのなかで、個人を識別することを避けるインセンティヴが生じるからである。

また、シュワルツとソロブがいうFIPsのツールキットのうち、すでに個人識別された情報に関しては、それらのすべてが適用され、個人識別される可能性に留まる情報には、通知、アクセス、訂正の権利は保障せず、また、情報利用の制限、データの最小化、個人情報の開示の制限についても適用しない一方で、データの質の原則、透明性のある処理システム、個人データのセキュリティについては、適用すべきだとすることも、妥当な判断だと評価できるだろう。

したがって、シュワルツとソロブが提唱するＰＩＩ2.0は、日本の情報法制においても、個人識別情報の新しい概念として、有用なものだと思われる。

ただし、個人データのセキュリティを求めることは、一般論としては妥当だとしても、現実には、求めるセキュリティの程度がどのようなものなのか、あるいは、データの質の原則にしても、具体的にどのレベルの質が求められるのか、そして、情報処理システムの透明性を満たすためには、どのようにしなければならないのかなど、多くの検討すべき課題が残っている。

そのため、このＰＩＩ2.0は、個人識別情報概念の具体化という意味では、なお、不十分なものだと批判されるかもしれない。

しかし、たとえ、そうした批判が妥当なものだとしても、それらの課題は、法令レベルの制定や運用において、検討されるべきものだと考えられる。それに対して、憲法学においては、個人識別情報概念を再構成するにあたっての枠組みや方向性を示すことが、まずは重要な課題であるものと考えられる。したがって、憲法学において、日本の情報法制における中心的概念の一つである個人識別情報概念を、より有用な形に再構成する際の枠組みや方向性を示すものとしては、このシュワルツとソロブの示した考え方は、やはり、妥当なものとして評価できるように思われる。

そして、何よりも需要なことは、このＰＩＩ2.0は、本人が自己の情報を管理、コントロールすることに依存する自己情報コントロール権説の限界を補うものだと考えられる点である。つまり、ＰＩＩ2.0は、本人が自己の情報を管理、コントロールすることではなく、前述のように、個人情報を利用しようとする側に個人を識別することを避けるインセンティヴを生み出すことによって、情報プライバシーの保護を行おうとするものである。そして、そのことによって、本人が自己の情報を管理、コントロールすることに依存しないで、情報プライバシーの保護を図ることができる可能性をもつものなのである。

第1章で述べたように、現代の情報社会において、われわれは、自己の情報のすべてを十分に管理、コントロールすることは、ほとんど不可能である。そのため、本人が自己の情報をコントロールすることに依存し過ぎる自己情報コントロール権説の構想は、限界に来ているものと思われる。したがって、現代の情報社会における憲法学に求められていることは、その限界を補う構想を示していくことだと考えられる。

このシュワルツとソロブのＰＩＩ2.0は、（完全ではないにしても）それに応えるものだといえるのではないだろうか。

## おわりに

本章では、どのようにすれば、本人が自己情報を管理、コントロールすることに依存し過ぎない形で、情報プライバシーの権利を保護することができるのかについて、検討してきた。

シュワルツとソロブのＰＩＩ2.0は、まず、情報を、個人を識別する危険性のない情報、識別される可能性のある個人に関する情報、識別された個人に関する情報の三つのカテゴリーに分ける。そして、それらのカテゴリーごとに、シュワルツとソロブがいうFIPsの七つのツールキット、すなわち、①情報利用の制限、②データ収集の制限（データの最小化）、③個人情報の開示の制限、④正確で、適切で、最新の情報のみを収集し、利用すること（データの質の原則）、⑤通知、アクセス、訂正の権利、⑥関係する個人が知ることができ、理解することができる処理システムの創造（透明性のある処理システム）、そして、⑦個人データのセキュリティ、の適用に差をつけるのである。そのことによって、情報を扱う者が情報をできるだけ個人を識別しない状態に保つインセンティヴを生み出し、その結果、プライバシー保護を促進しようとするのである。

本書では、こうしたシュワルツとソロブのＰＩＩ2.0は、本人が自己の情報を管理、コントロールすることに依存し過ぎる自己情報コントロール権説の構想を補う可能性のあるものとして評価できると考えている。

もちろん、こうしたＰＩＩ2.0は、いくつもの検討すべき課題も残されているものと思われる。しかし、たとえ、そうだとしても、自己情報コントロール権説の構想を補う有力な可能性の一つであることには違いないといえるのではないだろうか。

＊

# 補論　アイデンティティ権の可能性——平成二八年二月八日大阪地裁判決を踏まえて

## 1　いわゆる「なりすまし」とアイデンティティ権

さて、情報社会では、多くの情報が流通し共有される。また、情報社会に関わる様々な人たちが、多様な形で、それぞれの個人識別を行っている。しかしながら、そこでの情報は、つねに正確なものとは限らないし、誤った個人識別が行われることも起こり得る。しかも、そうした誤った個人識別が、他者によって意図的に引き起こされることもある。たとえば、インターネット上でのいわゆる「なりすまし」である。そうした「なりすまし」が行われた場合、その被害者は多大な犠牲を払うことになるかもしれない。そこで、このような「なりすまし」に関しては、いわゆる「アイデンティティ権」を想定することで対処することが考えられる。

そこで、この補論では、「アイデンティティ権」に言及した司法判断として注目された平成二八年二月八日大阪地裁判決[19]を取り上げ、PIIに(直接的ではないものの、少なくとも間接的には)関連するものとして、「アイデンティティ権」に関して考察したい。

平成二八年二月八日大阪地裁判決の事案は、原告が、インターネット上の掲示板に「なりすまし」による投稿をされたことに対して損害賠償請求権を行使するために、特定電気通信役務提供者の損害賠償責任の制限及び発信者情報の開示に関する法律(いわゆる「プロバイダ責任制限法」。以下、法)四条一項に基づいて、被告である(法四条一項の)開示関係役務提供者に、「なりすまし」による投稿発信者の氏名または名称、住所および電子メールアドレスの開示を求めたというものである。

## 2 判決要旨

まず、本判決は、「本件投稿は、いわゆる第三者が原告になりすまして投稿したものと認めることができる」としながらも、その投稿の「記載の内容及び本件掲示板の目的、内容等からして、前記投稿の内容のみから、原告の名誉を毀損したとまで認めることは困難である」として、本件における名誉毀損を否定した。また、「プライバシー権とは、個人に関する情報をみだりに第三者に開示又は公表されない自由であるところ、本件アカウントのプロフィール画像として用いられた原告の顔写真は、原告が５年ほど前に本件サイトに登録した際に原告のプロフィール画像としてアップロードしたものであって、原告自らが不特定多数の者が閲覧することを予定されたＳＮＳサイト上に公開したものであるから、これが用いられたことにより、原告のプライバシー権が侵害されたと認めることはできない」として、本件におけるプライバシー権侵害を否定した。さらに、「肖像権とは、みだりに自己の容貌、姿態を撮影されないという人格的権利であるが、前記のとおり、原告の顔写真は、原告が自ら公開したものであるから、本件投稿により、原告の肖像権が侵害されたと認めることもできない」として、本件における肖像権侵害を否定した。

そのうえで、本判決は、「他者との関係において人格的同一性を保持することは人格的生存に不可欠である」として、「名誉毀損、プライバシー権侵害及び肖像権侵害に当たらない類型のなりすまし行為が行われた場合であっても、例えば、なりすまし行為によって本人以外の別人格が構築され、そのような別人格の言動が本人の言動であると他者に受け止められるほどに通用性を持つことにより、なりすまされた者が平穏な日常生活や社会生活を送ることが困難となるほどに精神的苦痛を受けたような場合には、名誉やプライバシー権とは別に、『他者との関係において人格的同一性を保持する利益』という意味でのアイデンティティ権の侵害が問題となりうると解される」とした。

しかしながら、本判決は、「どのような場合に損害賠償の対象となるような人格的同一性を害するなりすまし行為が行われたかを判断することは容易なことではなく、その判断は慎重であるべきである」としたうえで、本件事案の「事情に照らすと、本件掲示板では、本件投稿が原告本人ではない者によるものである可能性がなりすまし行為の直後に指摘され、遅くとも一か月余りう《ママ》ちに原告本人を想起させる写真及びハンドルネームが本件掲示板から抹消されていると認めることができる」ことからすれば、「仮に、前記のとおり人格権としてのアイデンティティ権の侵害として不法行為が成立する場合があり得るとしても、本件投稿について検討する限り、損害賠償の対象となり得るような個人の人格的同一性を侵害するなりすまし行為が行われたと認めることはできない」とした。

したがって、本判決は、「本件発信者が原告になりすまして本件書き込みをしたことが、原告のアイデンティティ権の侵害として、法四条一項一号にいう『権利が侵害されたことが明らかであるとき』に該当すると認めることができない」として、原告の請求を棄却とした[20]。

## 3　若干の考察

上述のように、本判決は、「アイデンティティ権の侵害が問題となりうる」として、アイデンティティ権に言及したものではある。

ただし、本判決は、「どのような場合に損害賠償の対象となるような人格的同一性を害するなりすまし行為が行われたかを判断することは容易なことではなく、その判断は慎重であるべき」だとし、「仮に……アイデンティティ権の侵害として不法行為が成立する場合があり得るとしても」、本件事案では不法行為を認めることはできないとしている点には、注意が必要だろう。つまり、本判決は、アイデンティティ権の可能性を認めたものではあるが、しかし、それを具体的権利として認めたものかどうかは、きわめて微妙なところだといえるからである。

本判決は、仮に、「名誉毀損、プライバシー権侵害及び肖像権侵害に当たらない類型のなりすまし行為が行われた場合」にも不法行為が成立するとしても、「その判断は慎重であるべき」としている。そして、実際に、その判断を慎重にしていけば、限りなくプライバシー権侵害や肖像権侵害の場合と重なる（つまり、限りなく、不法行為としての「名誉毀損、プライバシー権侵害及び肖像権侵害に当たらない類型のなりすまし行為」が存在しなくなる）のではないだろうか。

また、本判決が述べるように、本件事案では、必ずしも原告の社会的評価が低下したとは言い難いため、名誉毀損の成立は認め難いかもしれない。しかし、プライバシー権侵害や肖像権侵害に関して、「原告の顔写真は……原告自らが不特定多数の者が閲覧することを予定されたSNSサイト上に公開したものであるから」認められないとした点は、些か不十分な説明だといえるだろう。なぜなら、顔写真を自ら公開したとしても、それが無断使用されることを前提として公開したものでない限り、やはり肖像権などは保護される可能性があるものと思われるからである。(21) その意味では、本判決は、十分な説明もないままに、プライバシー権、あるいは肖像権の範囲を限定し過ぎているように思われる。そして、もし、プライバシー権、あるいは肖像権の範囲を広く捉えるとすれば、「プライバシー権侵害及び肖像権侵害に当たらない類型のなりすまし行為が行われた場合」は限定され、本件事案に限っていえば、原告のアイデンティティ権の主張は、プライバシー権や肖像権の一部の問題として処理することも可能であったように思われる。

以上のように考えると、本判決でのアイデンティティ権への言及は、新たな法的権利概念を創出したというよりも、既存の概念を説明し直したものに過ぎないと評価できるかもしれない。

しかし、このような捉え方だけで済ませるとすれば、本判決に関して過小評価となるように思われる。現代社会では、いわゆる「デジタル・パーソン」が大きな問題だと考えられている。すなわち、情報化の進んだ今日、多くの個人情報が多様な方法で集積（aggregation）されている。その結果、集積された個人情報の断片が結びつけられることで、個人のポートレイト（デジタル・パーソン、あるいはデジタル・ペルソナ）が作り出されてしまう。しかも、「データの編集物は、しばしば印象的なもので、かつ、不完全でもある」にもかかわらず、そうした「デジタル・スペースのデジタル・パーソンは、ますますリアル・スペースの生身の個人に影響を与えている」ために、本来の個人のあり様とは異なる「歪曲（distortion）」を導くことになるのである[22]。

しかも、顔写真などは個人を識別するための典型的な情報であり、そうした個人識別の情報は、「リアル・スペースの個人に、直接、デジタル・パーソンを結びつける[23]」ことになる。つまり、現代社会では、歪曲されたデジタル・パーソンが創出され易く、そして、歪曲されたデジタル・パーソンは、顔写真などの個人識別情報が無断使用されることによって、リアル・スペースにある現実の生活関係に直接的に影響を及ぼす可能性が高いのである。

ただし、歪曲されたデジタル・パーソンの創出は、必ずしも、（本件での「なりすまし」のように）特定の者によって行われるわけではない。本書でも、度々、参考にしている論考を発表しているダニエル・J・ソロブは、現代の情報化社会でのプライバシー問題をフランツ・カフカの『審判』のメタファーによって説明する。すなわち、ソロブによれば、カフカの「『審判』で使用されるパワーは、明白な目標がない。いかなる目的もミステリーに覆われたままである」。そこには、「悪魔のような動機や支配のための秘密の計画は存在しない。むしろ、低レベルの官僚、規格化された方針、厳格なルーティン、そして……思慮の足りない決定のウェブが存在するのである[24]」。つまり、現代の情報化社会における歪曲されたデジタル・パーソンは、特定の者によって意図的に創出されるわけではなく、不特定多数の人たちの（思慮の足りない）判断や行動の積み重ねのなかで作られてしまうのである。

このように考えた場合、「他者との関係において人格的同一性を保持する利益」としてのアイデンティティ権は、そもそも、不法行為に基づく損害賠償請求には馴染み難いものだといえるだろう。なぜなら、その利益の侵害に関しては、損害賠償請求の対象となり得るような特定の加害者が存在しないからである。

そうであるならば、こうしたアイデンティティ権は、その侵害に対する損害賠償を求める不法行為法上の消極的権利としてだけではなく、不特定多数の人たちの（思慮の足りない）判断や行動の積み重ねのなかで歪曲されたデジタル・パーソンの修正を求める積極的権利としての側面が含まれなければならないのではないだろうか。そして、もし、こうした積極的権利を含むとすれば、そうしたアイデンティティ権には、従来の権利概念の枠組みを超えた新たな意味があるものと思われる[25]。

もちろん、本判決でのアイデンティティ権は、そうした積極的権利にまで言及するものではない。しかも、不法行為法上の消極的権利としてのアイデンティティ権に関しても、本判決が具体的権利として認めたものかどうかは、きわめて微妙なところである。しかし、「他者との関係において人格的同一性を保持する利益」としてのアイデンティティ権に言及した本判決は、積極的権利としての側面も含めたアイデンティティ権の「萌芽」として、高く評価すべきものといえるのではないだろうか。

## 4 アイデンティティ権の可能性

プライバシー権に関する著名な判決の一つである「宴のあと」事件[26]は、不法行為法上のプライバシー権を認めたものであって、情報プライバシーの権利の積極的権利の側面を認めたものではなかった。しかしながら、いまから振り返ってみれば、その「宴のあと」事件は、そうした積極的側面も含めた今日の情報プライバシーの権利概念を展開するきっかけとなったものと評価できる。

本判決は、それ自体は、必ずしも画期的なものとして評価し得るわけではないのかもしれない。しかし、今後、アイデンティティ権概念を発展させることができたならば、将来、振り返ってみたときに、実は本判決が大きなきっかけ（萌芽）であったのだと高く評価されるのではないだろうか。

そうした日が来ることを願うとともに、今後、憲法学においても、いっそう、アイデンティティ権の発展のための研究を進める必要があるものと思われる。

**【注】**

（1）Paul M. Schwartz and Daniel J. Solove, *The PII Problem: Privacy and a New Concept of Personally Identifiable Information*, 86 N.Y.U. L. Rev. 1814 (2011), at 1817.

（2）*Id.* at 1816.

（3）*Id.* at 1829.

（4）The Financial Services Modernization Act of 1999. 一九三三年銀行法（Banking Act of 1933. いわゆるグラス・スティーガル法（Glass-Steagall Act））で兼業が規制されていた商業銀行、投資銀行、証券会社、保険会社などの統合を認めるために制定された。

（5）Schwartz and Solove, *supra* note 1 at 1830.

（6）The Children's Online Privacy Protection Act of 1998. この法律では、インターネットにおける子どもを保護するために、子どもの情報収集などを制限している。

（7）Schwartz and Solove, *supra* note 1 at 1831.

（8）*Id.* at 1835.

（9）*Id.* at 1865.

（10）*Id.* at 1866.

（11）*Id.* at 1865.

（12）*Id.* at 1871–1872.

（13）*Id.* at 1875–1876.

（14）*Id.* at 1877.

（15）*Id.* at 1879–1880.

(16) *Id.* at 1880.

(17) *Id.* at 1880-1881.

(18) *Id.* at 1883.

(19) 大阪地裁判平成二八年二月八日（判例時報二三一三号七三頁）。

(20) なお、本件の控訴審判決である大阪高裁判平成二八年一〇月六日（Westlaw Japan 文献番号 2016WLJPCA10066014）は、アイデンティティ権に言及することなく、名誉毀損の不法行為の成立の可能性を認めることで、本件原告である控訴人の請求を認容している。すなわち、控訴審判決は、「本件発信者が本件ハンドルネーム及び顔写真を用いて投稿した場合、顔写真が控訴人のものであること、……本件ハンドルネームが控訴人の名前の一部からとったものであると理解されることからして、同投稿を閲覧した一般の閲覧者は、控訴人が同投稿をしたものと理解する可能性が高」く、「本件投稿の中には他人を侮蔑する表現があるところ、同投稿を閲覧した一般の閲覧者は、控訴人がそのような表現をする人物であると理解する可能性が高い」ことの「事情を踏まえると、本件発信者が、本件投稿をしたことにより、控訴人が公開のＳＮＳで侮蔑的表現を含んだ本件投稿を行うような人物であるとの事実を摘示したと評価でき、これにより、控訴人がそのような言動をする人物であるとして、その社会的評価が低下した可能性が高いというべきである」として、「本件投稿により、控訴人について、『権利が侵害されたことが明らかであるとき』（法四条一項一号）に該当するというべきである」とし、また、「控訴人は、本件発信者に対し、人格権侵害等を理由として不法行為に基づく損害賠償請求や将来の差止めを求める予定である」ことから、「本件発信者に係る発信者情報の開示を受けるべき正当な理由があるというべきである」として、原審判決を取り消し、控訴人の請求を認容している。本件事案は、この控訴審判決で確定している。

(21) たとえば、大阪地裁判平成二九年八月三〇日（判例時報二三六四号五八頁）は、本人がインターネット上のサイトに自身の顔写真を掲載したとしても、「肖像は、個人の人格の象徴であるから、当該個人は、人格権に由来するものとして、これをみだりに利用されない権利を有すると解される（最高裁平成二四年二月二日判決・民集六六巻二号八九頁参照）」とし、「他人の肖像の使用が違法となるかどうかは、使用の目的、被侵害利益の程度や侵害行為の態様等を総合考慮して、その侵害が社会生活上受忍の限度を超えるかどうかを判断して決すべきである（最高裁平成一七年一一月一〇日判決・民集五九巻九号二四二八頁参照）」として、肖像権侵害による不法行為を認めている。当該大阪地裁判決については、拙稿「アイデンティティ権に関する若干の考察～平成二九年八月三〇日大阪地裁判決～」WLJ判例コラム第一二七号（二〇一八年）も参照のこと。

(22) Daniel J. Solove, *A Taxonomy of Privacy*, 154 U. Pa. L. Rev. 477 (2006) at 508-509.

(23) *Id.* at 514.

(24) Daniel J. Solove, *Privacy and Power: Computer Databases and Metaphors for Information Privacy*, 53 Stan. L. Rev. 1393 (2001) at 1423.

(25) 仮に、こうした積極的権利としてのアイデンティティ権を想定したとしても、それをプライバシー権概念に含めることは可能だと思われる。たとえば、ダニエル・J・ソロブは、プライバシーに関わる多様なプラクティスを家族的類似性によって結び付けることで、一つのプライバシー権概念として把握する試みを提唱している。*See*, Daniel J. Solove, *Conceptualizing Privacy*, 90 Cal. L. Rev. 1087 (2002).

(26) 詳細は、東京地判昭和三九年九月二八日（判例時報三八五号一二頁）を参照のこと。

# 第3章　行政によるデータ・マイニングに関する批判的考察
## ――その限界と可能性

### はじめに

さて、これまでの検討では、情報プライバシーの権利の判断枠組みとして、①主観的期待と、②社会的承認を用いることは妥当であるが、社会的承認（社会が「合理的なもの」として認めること）は、あくまで事実の認識ではなく、規範的な判断であるとした。そして、そうした判断枠組みを具体化するものとして、アミタイ・エッツォーニの四つの基準を評価した。

また、そもそも、われわれが自己の情報を十分に管理、コントロールできない現代の情報社会では、本人が自己の情報を管理、コントロールすることに依存し過ぎる自己情報コントロール権説には限界があるとして、それを補う構想として、ポール・M・シュワルツとダニエル・J・ソロブのPII2.0を有用なものとして評価した。

本章では、そうした新しい情報プライバシーの権利の構想を踏まえつつ、現代の情報社会の情報技術の一つであるデータ・マイニングに関して、取り上げたい。

データ・マイニングとは、大量のデータの解析を通じて、新たな知識を生み出す技術である。たとえば、インターネットなどで本を購入した場合、別の書籍の推薦が表示されたり、後日、新刊の推薦のお知らせが送られたりする経験をした人も多いだろう。これは、Aという商品を購入した者はBという商品も購入する場合が多いなどといったように、データ解析によって相関関係を抽出することで、データ・マイニングをマーケティングなどに役立てている一例である。

このように、近年のコンピュータの発達に伴って、データ・マイニングが可能となり、それをマーケティングに活かすことは、ごく一般的なことになっているといえる。

では、こうしたデータ・マイニングを行政に活かすことも可能だろうか。

当然のことではあるが、テロ行為や児童虐待などは、事後に対応するよりも、事前に防止することが望ましい。もし、データ・マイニングの活用によって、そうした行為を犯そうとしている者が、事前に発見できたなら、それらの行為を防ぐことができるかもしれない。

ダニエル・J・ソロブは、「一般に、法の執行は、おもに調査であり、それは、過去の犯罪の加害者を把握することに集中する。それがテロリズムとなれば、法の執行は、いっそう防止的なものになり、テロリストたちが行動する前に、テロリストたちの身元を確認しようとするものとなる。この目的のために、政府はデータ・マイニングに関心をもつようになる」とし、「データ・マイニングは、個人データを収集し、結合することでプロフィールを作り出し、そして、それを疑わしいと思われる特定の行動パターンに分析することに関わる。このようにして、データ・マイニングは、将来、テロリストとして、攻撃を実施するかもしれない者を予測することを助ける」と指摘している。[1]

その意味では、データ・マイニングを、そうした規制行政（ここでは、刑事手続も含む広い意味で用いる）の分野で活用することは、非常に魅力的なことだといえるだろう。

実際、米国では、二〇〇二年に国防総省が主張した Total Information Awareness（ＴＩＡ）と呼ばれるデータ・マイニングそのものには予算は認められなかったものの、ソロブによれば、「しかし、ＴＩＡは潰れたわけではなかった。その代わりに、それは……不明瞭な名前をもつ様々なプロジェクトのなかに存在している。ＴＩＡ（それは、それ独自のウェブサイトをもっていた）とは異なり、これらのプロジェクトは、非常に秘密的なもの」なのである。[2] つまり、少なくとも、米国において、現実には、すでにデータ・マイニングは、行政において、様々な形で活用されているとしているのである。

しかしながら、こうした行政によるデータ・マイニングの活用には、いくつかの問題点も指摘できるのではないだろうか。

本章では、ソロブの考察を踏まえて、こうした行政によるデータ・マイニングを批判的に検討していきたい。

また、本書では、とくに、データ・マイニングの技術をテロ行為防止活動に利用する場合を想定して、検討したいと思う。なぜなら、テロ行為防止活動は、通常、非常に重要な利益をもつものとして理解されているため、それにデータ・マイニングの技術を利用する場合、しばしば、それに伴う諸問題が見過ごされ易いものと考えられるからである。

さて、行政によるデータ・マイニングを検討するにあたって、本書では、まず、その有効性について考えていきたい。なぜなら、データ・マイニングの技術は、すでに商業ベースにおいては一定の成果をあげているものと評価してよいだろうが、しかし、はたして行政活動においても、同様に有効な手段かどうかは、慎重に検討されなければならないものと思われるからである。

もちろん、仮に、行政活動においては、あまり有効な手段でなかったとしても、それが、権利や自由の侵害などといったコストを、ほとんど伴うものでなければ、そうした手段を積極的に活用することも許されるかもしれない。

そこで、次に、行政によるデータ・マイニングに伴う権利や自由の侵害などといったコストについて、考えていきたい。

ただし、本書は、行政によるデータ・マイニングを批判的に検討するものではあるが、それを全否定するものではない。そこで、最後に、本書での批判的検討を踏まえて、行政による有意なデータ・マイニングの活用のための要件についても、述べていきたいと思う。

## 1　行政によるデータ・マイニングの有効性

ほとんどの人たちは、国や社会の安全保障に高い利益が認められることに疑いをもつことはないだろう。しかし、それだけに、国や社会の安全保障が問題とされた場合、それによって制限されるわれわれの権利や自由とのバランスを保つことは、非常に難しくなるのではないだろうか。

ソロブによれば、安全保障を重視する論者は、安全保障とわれわれの権利や自由とのバランスを考えなければならないときに、ほとんど排他的に、安全保障にとって最適なものは何かという問題に焦点を当ててしまう。しかし、ソロブによれば、安全保障とわれわれの権利や自由との「バランスは、安全保障を最大効率で促進しないかもしれないが、それは、権威主義的レジームに対して立憲主義的民主主義として生きるためのコストの一つなのである」。そして、ソロブは、「裁判所は、行政府や立法府の政策形成に対する絶対的な規制としてではないが、政府の利益に対してバランスをとる重要な利益として、憲法上の権利を保護」し、「有意義にバランスをとるために、裁判所は、安全保障と自由の両方を吟味しなければならない」としている(3)。

もちろん、国や社会の安全保障に関して、行政の裁量は、ある程度、広く認められるべきであり、必ずしも、裁判所が、自らの判断を行政に押しつけるべきではない。しかしながら、ソロブによれば、「司法審査のポイントは、政府官僚に盲目的に順応することではなく、政府官僚の判断を審査に服させることにある。事実に対する審査は……裁判官自身の判断を押しつけるものではない。そうではなくて、政府官僚に政策を説明させ、それを正当化することを要求するものである」[4]。

そして、もし、われわれの権利や自由と国や社会の安全保障とのバランスを保つために、政府の施策を司法審査に服させるとすれば、裁判所は、一方では、安全保障に対する脅威の程度と、それに取り組む政府の施策の有効性の程度を評価し、他方では、そうした施策によって制限される権利や自由の価値、すなわち、コストを評価していなくてはならないだろう。

そこで、ここでは、まず、前者の点について、考えていきたい。

先ほども述べたように、国や社会の安全保障に高い価値が認められることに、疑いをもつ者はほとんどいない。

しかし、どのような行為が、そうした安全保障に対する現実的な脅威になるのかどうかは、（憲法学も含めて）学術的には、慎重に検討しなければならないように思われる。たとえば、ソロブは、テロ行為の安全保障に対する脅威の程度に関して、「しばしば、テロリズムによる安全保障の脅威は、われわれが現代の世界で直面するもっとも重大な危険の一つであると、何の疑いもなく、仮定されているだけである。しかし、この仮定は間違っているのかもしれない」[5]と指摘している。

ソロブは、ジョン・ミューラー（John Mueller）の主張を引用しながら、次のように述べている。すなわち、「一九六〇年代後半以降、国際的テロリズムで殺されたアメリカ人の数は、落雷や鹿によって引き起こされた事故、あるいは、ピーナッツの激しいアレルギー反応によって、同時期に亡くなった人数と同じ程度である。合衆国の歴史において、もっとも破壊的なテロリストの八つの攻撃を加えても、四千人足らずである。対照的に、風邪と肺炎での死者は、一年当たり、およそ六万人だと見積もられている。また、毎年、自動車事故で四万人が死んでいる。これまでのテロリズムのわれわれの経験に基づけば、テロリズムによって死ぬリスクは、死因となったリスクの相対的規模においては、非常に低いものなのである」[6]。

つまり、国や社会の安全保障の価値そのものは、やむにやまれぬ利益であることに疑う余地はないものと思われるが、しかし、どのような行為が、どの程度、国や社会の安全保障の価値を脅かすものなのかについては、本来、慎重な検討が必要なのである。

もちろん、たとえ数的にはテロ行為による犠牲者の数がそれほど多くなかったとしても、多くの人たちが自動車事故よりもテロ行為に恐怖を感じることは、決して奇妙なことだとはいえない。しかし、そうであるからこそ、しばしば、そうした恐怖によって、国や社会の安全保障に対する脅威を過大に評価してしまうかもしれないように思われる。

しかも、われわれは、劇的な出来事やそれを伝えるメディアのあり方によって、しばしば、必要以上に脅威を過大に評価してしまう。たとえば、ソロブは、二〇〇一年のサメによる事故を例にとって、次のように説明している。すなわち、「その年は、サメが人を襲う夏であった。そのとき、サメが襲うことに関する多くのメディアの報道は、そうした攻撃が増えているという理解を導くものであった。しかし、二〇〇〇年よりも二〇〇一年の方が、サメによる攻撃は少なく、同様に、亡くなった人も少なく、二〇〇〇年に一三人が亡くなったのに対して、二〇〇一年には四人だけが亡くなったのである」[7]。つまり、サメに人が襲われたという劇的な出来事と、それを伝えるメディアによって、現実にはそうした攻撃が少なくなっていたにもかかわらず、多くの人たちが、サメの脅威を過大に評価してしまったというわけである。

そして、そのような過大評価は、場合によっては、誤った政策決定を導くことになるかもしれないだろう。ソロブは、「賢明な政策とは、パニックやそうしたときの不合理な恐怖に屈するものであってはならない。たしかに、それは、恐怖を鎮めようとすべきものではあるが、しかし、それは思慮深く行われなければならない[8]」とする。そして、ソロブによれば、「たとえ、パニックと恐怖とが、誇張された脅威を重大なものとするかもしれないとしても、少なくとも、われわれは、安全保障を促進するその方法が、そのためのコストを正当化するのに十分なぐらい効果的であることを保障しなければならない[9]」のである。

そこで、次に、安全保障のための手段の有効性が問題となる。

たとえば、テロ活動防止のための手段として、ロンドン地下鉄爆破テロの後にニューヨーク市で実施されたような、手荷物のランダムな捜査があり得るだろう。しかし、ソロブによれば、「その捜索は、一日に何百万人もいる乗客のうちの僅かにだけ行われるため、テロリストたちを捕まえ、あるいは、抑止できそうにはない」。その意味では、そうした手段は、「象徴的なものである」。こうした「象徴的な安全保障のプログラムの短所は、不必要に自由を犠牲にし、もっと効果的な安全保障対策のための資源を消耗することにある」が、しかし、「それにもかかわらず、これらのプログラムには長所もある。つまり、これらのプログラムは、非常に可視的であるため、恐怖を緩和できるのである」としている[10]。

ところが、ソロブによれば、行政によるデータ・マイニングの場合には、そうした象徴的な効果は、期待できない。なぜなら、通常、行政によるデータ・マイニング、とくに、規制行政の分野におけるそれは、ニューヨーク市で実施された手荷物のランダムな捜査のような可視的な方法で行われるわけではないからである。[11]

では、なぜ、米国政府は、テロ防止活動の手段として、データ・マイニングの活用に積極的だったのだろうか。ソロブは、「データ・マイニングにおける政府の関心の一部は、データベース会社の積極的なマーケティング運動から生じている」と指摘する。すなわち、9・11のテロ以降、「データベース会社は、政府官僚に会って、データ・マイニングの長所に関する説得力のある宣伝をした」のである。[12]

たしかに、データ・マイニングの技術は、商業ベースで実施される場合には、成功したものだといえるだろう。しかし、ソロブによれば、「データ・マイニングが顧客の行動を予測しようとするビジネスにおいては効果的であるかもしれないが、それが問題となるのは、テロリズムに従事しようとする者を予測しようとする政府にとっては、効果的ではないためである」。つまり、商業ベースでデータ・マイニングの技術を活用し、マーケティングを行う場合、必ずしも、つねに、高い正確性が求められるわけではない。「たとえば、アマゾン・ドット・コムは、顧客の間で書籍の購買パターンを比較することで、その顧客が興味をそそりそうな書籍を判断するためのデータ・マイニングに従事している。それは、決して正確なものではないけれども、もし、間違った本を推薦したとしても、悪影響はほとんどないため、正確性は必要とされない」のである。それに対して、行政によるデータ・マイニング、とくに、規制行政の分野において、その技術を活用する場合には、通常、高い正確性が要求される。しかしながら、現在のデータ・マイニングの技術では、それに耐え得るだけの正確性を保つものとは考え難いものかもしれない。そのため、ソロブは、「結局のところ、データ・マイニングがセキュリティの手段の賢明な支出となる場合があり得るとは信じられない」とする。さらに、ソロブは、「安全保障を重視する人たちは、その議論における自由の側の人たちと同様に、憤激すべきである」としている。なぜなら、データ・マイニングのように、あまり効果が期待できない手段を用いることで、それよりも、もっと効果的な手段のために使うべき資源が、無駄に消費されてしまうからである(13)。

もちろん、情報技術の発展に伴い、行政によるデータ・マイニングについて、いったんは高い正確性を達成できるのかもしれない。

しかしながら、規制する側が情報技術を独占していなければ（現代の情報社会を踏まえれば、おそらく規制する側が独占しているものとは思われないだろう）、規制される側は、すぐに対処する方策を採るものと思われる。そうであるならば、継続的に求められる水準を維持し続けられるものとは考え難いだろう。したがって、やはり、行政によるデータ・マイニング、とくに、規制行政の分野で求められる高い正確性を維持することは期待できないものと考えた方がよいように思われる。

さて、これまでの考察をまとめると、次のようにいえるだろう。

まず、テロ行為の安全保障に対する脅威は、数的には、必ずしも、多くの人たちが考えているほどのものだとはいえない。

それでも、多くの人たちが自動車事故よりもテロ行為に恐怖を感じることは、十分に理解できるところであるし、そうした恐怖やパニックを鎮めることは、重要なことだといえる。

ところが、行政によるデータ・マイニングは、通常、可視的なものではないため、ニューヨーク市で実施された手荷物のランダムな捜査のような象徴的なものではなく、そのため、恐怖やパニックを鎮めることは期待できない。

また、行政によるデータ・マイニング、とくに規制行政で用いられるデータ・マイニングでは、マーケティングで用いられる場合と異なり、高い正確性が要求されるが、現在の情報技術は、必ずしも、その要求を満たすものとは考え難いかもしれない。少なくとも、継続的にその水準を維持し続けられるものとは考え難いように思われる。

したがって、テロ行為の防止活動の手段として、データ・マイニングは、それほど有効なものだとはいえないものと考えられるのである。

## 2 行政によるデータ・マイニングのコスト

しかし、行政活動においては、データ・マイニングがそれほど有効な手段でなかったとしても、それが権利や自由の侵害をほとんど伴うものでなければ、行政がデータ・マイニングを実施することは許されるのかもしれない。

そこで、次に、行政によるデータ・マイニングによって制限される権利や自由の価値、すなわち、コストについて、考えていきたい。

データ・マイニングでは、不特定多数の情報の集積によって、一定の傾向（たとえば、テロ行為を行うなど）をもつと考えられる特定のプロフィール（あるいは、ポートレート）を生み出し、それと一致する人たちを確認する。

しかしながら、前述したように、現在の情報技術は、規制行政において求められる高い正確性を満たすものとは考え難いかもしれないし、少なくとも、継続的にその高い正確性の水準を維持し続けられるものとは考え難い。つまり、現在のデータ・マイニングの技術では、そのプロフィールと、それと一致する人たちがもつと考えられる傾向との関連性は、実のところ、必ずしも、十分に高いものとは限らないし、少なくとも、継続的に高い関連性を維持し続けられるものとは考え難いように思われるのである。そして、仮に、十分に高いものだとしても、少なくとも、一般の市民は、そうした関連性が十分に高いかどうかを直接的に確かめる方法をもたないのである。

そのため、行政がデータ・マイニングをテロ活動防止などに利用することになれば、誤った関連づけが行われるかもしれず、それによって、市民の権利や自由を犠牲にする可能性が高いものと思われる。テロ活動などに関わっている疑いをもたれただけでも、社会的活動や生活に影響を及ぼす可能性がある場合には、とくに、そうだといえるだろう（少なくとも、日本は、そうだといってよいだろう）。

また、ソロブは、データ・マイニングにおいては、「人の人種、あるいは、民族がプロフィールに用いられる」が、しかし、「人種、あるいは、民族が、疑わしい者として人々を選び出したり、あるいは、差別的扱いに値すると評価するにあたっての主要な要素である場合、これは、平等条項と関連するだろう」と指摘している。[14]

もちろん、これらの問題は、適正手続（デュー・プロセス）、すなわち、告知・弁解・防御の機会の付与や令状主義の保障によって、補うことができるかもしれない。

しかしながら、行政によるデータ・マイニングは、そうした適正手続の保障を失わせてしまうように思われる。

たとえば、米国では、情報プライバシーに関する憲法上の保護として、修正四条の令状主義による手続的保障があるが、しかし、「データ・マイニングはデジタル・ドラグネットの捜索の形態だけれども、その捜索は政府がそのデータを獲得した後で行われるため、修正四条はそれを規制しない。実際、修正四条は、集積した後のデータの使用、蓄積、保有のいかなる制限も、ほとんど提供しない」のである。[15] このことは、わが国でも同様のことだと思われる。

そして、ソロブは、「データ・マイニングは、デュー・プロセスの問題を引き起こす」とも指摘する。たとえば、ソロブは、行政によるデータ・マイニングについて、次のように述べている。すなわち、「人々は、聴聞を受ける権利をもつのだろうか。どの程度の聴聞を受けるのだろうか。人々は、弁護士を依頼する権利をもつのだろうか。人々は、誤ったデータを修正できるのだろうか。どのようにしてできるのだろうか」。[16]

たとえば、情報の集積が生み出したプロフィールに誤って一致したものと扱われたとしよう。その場合、われわれは適正手続の保障、すなわち、告知・弁解・防御の機会を付与されるのだろうか。

ソロブは、次のように述べている。すなわち、行政によるデータ・マイニングにおける「そのプロフィールは秘密なのだから、そのようなことはありそうにもない。もし、そのプロフィールが公にされたのなら、テロリストたちがそれを避ける措置をとり易くなるだろう、というような議論になる。しかし、一致したとされるプロフィールに関して語ることができないのなら、どうして有意義な異議を主張できるというのだろうか。もし、われわれが暗闇のなかにおかれるのなら、われわれは、どのようにして、そのプロファイリングのシステムを評価できるというのだろうか[17]」。

したがって、こうした問題は、結局のところ、行政によるデータ・マイニングの透明性（Transparency）に関わるものだと考えられる。

ソロブは、次のように指摘している。すなわち、「多くのデータ・マイニング・プログラムに伴う問題は、それらが適切な透明度を欠いていることにある」。前述のように、ソロブによれば、テロ活動防止などに利用されるデータ・マイニング・プログラムが秘密とされるのは、「将来的にテロリストたちになるかもしれない者だと識別する引鉄（trigger）となるアルゴリズムやパターンを暴露すれば、テロリストたちに、どのような振る舞いを避けるべきかに関する情報を提供することになるからである」。しかしながら、ソロブは、そのことを「実際、正当な懸念である」としながらも、「われわれの社会は、開かれた政府、公的な説明責任、そして、政府官僚の監視をもつものなのであり、官僚制度によって保持される秘密のブラックリストをもつものではない」として、データ・マイニング・プログラムが秘密とされることを批判している。ソロブによれば、「たとえば、データ・マイニングに用いるために、人々に関して集められた情報は、その精度を維持する重要な措置をとっていない情報源から集められたものかもしれない」し、また、われわれの「監視なしでは、政府が集め、用いる情報に対して、政府が要求する精度のレベルのほどは明らかとはならない」。そして、「もし、プロフィールが、人種、言論、あるいは、社会が含めることを望まないその他の要素に基づいていたのなら、どのようにして、このことを公にして、議論することができるのだろうか」と批判する。つまり、ソロブにとって、「データ・マイニング・プログラムにおける透明度の欠如は、自由とセキュリティとの間でバランスをとることを、ほとんど不可能にしてしまう」ものなのである。(18)

つまり、データ・マイニングがテロ活動防止などに利用される場合、そのプログラムが秘密とされる必要性は認められたとしても、そのプログラムが秘密にされるが故に、われわれの自由や権利と安全保障の価値とのバランスを保つことができなくなり、結果として、そうしたデータ・マイニングを正当化することが難しくなるのである。

## 3 正確性と透明性とInformation Quality Act

本章のはじめにも述べたように、テロ行為や児童虐待などは、事後に対応するよりも、事前に防止することが望ましい。そして、もし、データ・マイニングの活用によって、そうした行為を犯そうとしている者が、事前に発見できたなら、それらの行為を防ぐことができるかもしれない。それは、非常に魅力的な誘惑だといえる。実際、米国では、二〇〇二年に国防総省が主張したＴＩＡそのものには予算は認められなかったものの、ソロブは、行政において、データ・マイニングは、様々な形で活用されているとしている。

本書では、そうした行政によるデータ・マイニングについて、ソロブの考察を踏まえて、テロ活動防止などへの利用を念頭におきながら、その有効性とコストの点から、批判的に検討してきた。

たしかに、データ・マイニングの技術は、商業ベースで実施される場合には、ある程度、成功したものだといえるだろう。その意味で、一部の商業ベースで用いられる場合、データ・マイニングは、有効な手段だと考えられる。

しかし、商業ベースと異なり、行政によるデータ・マイニング、とくに、規制行政におけるそれの場合、非常に高い正確性が求められる。ところが、現在のデータ・マイニングの技術は、それに耐え得るだけの正確性を保つものではないのかもしれない。仮に、一時的には、そこで求められる高い正確性に達することができたとしても、規制する行政の側が情報技術を独占できていない現代の情報社会を踏まえれば、少なくとも、そこで求められる高い正確性を保ち続けられるものとは思われない。そのため、そうした分野における行政によるデータ・マイニングは、必ずしも、有効な手段だとは考えられない。

もちろん、データ・マイニングがそれほど有効な手段でなかったとしても、権利や自由の侵害などといったコストをほとんど伴うものでなければ、行政がデータ・マイニングを利用することは許されるかもしれない。

実際、行政によるデータ・マイニングは、必ずしも、個人情報の流布を伴うものではない。また、そこで収集される情報は、少なくとも、多くの場合には、匿名加工化されるため、個人識別された情報の状態で保持され続けているわけではない。

しかしながら、行政がテロ活動防止などにデータ・マイニングを用いる場合には、しばしば、市民の自由や権利の重大な犠牲を生じることになる。

もちろん、そのことに関する適正手続の保障があれば、それによって、データ・マイニングのコストを軽減できるかもしれない。

ところが、データ・マイニングをテロ活動防止などに利用する場合には、通常、そのデータ・マイニング・プログラムは秘密にされてしまう。そのため、われわれは、有効な告知、弁解、防御の機会を奪われ、適正手続の保障を受けることができなくなってしまう。その結果、そうしたデータ・マイニングは、正当化し難いものとなるのである。

したがって、もし、行政によるデータ・マイニングが正当化されるとすれば、少なくとも、原則的には、次の二つの要件を満たす必要があるものと考えられる。

まず、第一に、一部の商業ベースと同じように、データ・マイニングに高い正確性が求められない領域であることである。そうした領域においては、データ・マイニングの有効性が認められる可能性があるといえるだろう。

第二に、データ・マイニング・プログラムの透明性が確保され、われわれに、十分な告知・弁解・防御の機会が付与され、適正手続が保障されることである。そのことによって、われわれの権利や自由の侵害といったコストは、軽減されるものと思われる。

しかし、テロ活動防止行為などの規制行政の分野において、実際に、これらの要件を満たす場合は、ほとんど想定できないだろうし、仮に想定できるにしても、これらの要件は、規制行政の分野におけるデータ・マイニングの魅力を大いに損うものと思われる。

だが、このように行政によるデータ・マイニングについて慎重に考えることは、法治国家におけるコストの一つだといえるのではないだろうか。そして、これらの要件を踏まえて考えるのなら、行政によるデータ・マイニングは、規制行政においてではなく、むしろ、給付行政を補うものとして、活用されることが望まれるものと思われる。たとえば、行政の支援を必要としている市民を積極的に見つけるために、活用することが考えられるだろう。そうした給付行政においては、規制行政の分野に比べれば、われわれの権利や自由を侵害するコストが少ないだろうし、そのため、そこで求められる正確性の水準も、規制行政の分野のそれより低くてよいものと考えられる。そして、そうした給付行政の分野においては、適正手続を保障することが、必ずしも、データ・マイニングの活用の妨げになるものとは考えられないだろう。

しかしながら、給付行政において活用するにしても、行政が行う以上は、そこで用いられるデータ・マイニングの結果が正確なものかどうかは、やはり、問われなくてはならないし、もし、誤った結果に基づいていたとすれば、それは、訂正されなくてはならない。

そこで、注目すべき制度として、米国の Information Quality Act（以下、ＩＱＡ）が考えられる。これは、二〇〇〇年に制定された連邦法であり、市民が連邦行政機関の普及する情報の質を問うことができるとするものである。ここでいう情報の「質（quality）」は、その情報の「有用性（utility）」、「客観性（Objectivity）」、「完全性（integrity）」を含むものであり、「有用性」は情報の利用者が用いることができるものであること、「客観性」は正確さや偏りがないこと、「完全性」は不正アクセスなどのよる偽造の危険がないこと、を意味している。そして、こうした情報の「質」に問題があった場合には、市民はその情報に関して訂正請求ができるとするものである。[19]

もし、日本でも、こうした制度が導入されたうえで、（行政が分析するにしても、企業に委託した分析結果を行政が用いるにしても）データ・マイニングの分析結果を公表したうえで、それに基づく給付行政を行うとすれば、そのデータ・マイニングの正確性は、ある程度、担保されるようになるのではないだろうか。なぜなら、正確性を欠くデータ・マイニングの分析結果であったとすれば、市民から訂正が求められるようになるからである。

もちろん、IQAのような制度の有用性はこのことに限られるわけではないが[20]、少なくとも、行政によるデータ・マイニングの活用を考えるのであれば、こうしたIQAのような制度の導入が必要になるものと思われる。

## おわりに

たしかに、テロ行為や児童虐待などは、事後に対応するよりも、事前に防止することが望ましい。それだけに、データ・マイニングの技術の活用によって、事前予測の可能性が高まることは、非常に魅力的なものである。

しかし、これまで検討してきたように、そうした規制行政の分野では、高い正確性と透明性とが求められる。しかしながら、規制行政の分野で、これらの要件を満たす場合は、難しいように思われる。

そのため、仮に、行政がデータ・マイニングを活用するとすれば、おそらく、給付行政の分野になるものと考えられる。ただし、給付行政においても、多かれ少なかれ、そこで活用されるデータ・マイニングの分析結果の正確性は求められるだろう。本章では、そうした正確性の担保として、米国のＩＱＡのような制度の導入が必要であるとした。

ＩＱＡに関する優れた論文を発表している薄井信行は、情報公開分野の展開を踏まえて、国よりも地方自治体がＩＱＡを先行して導入すべきことを示唆している(21)。それに加えて、日本では、社会福祉などの給付行政の主体が、しばしば、地方自治体であることを踏まえれば、ＩＱＡのような制度に関しては、もちろん、国の法律レベルで導入することも考えられるが、薄井が示唆するように、地方自治体が先行して導入することも考えられるものと思われる(22)。

＊

補論　特定秘密保護法の運用のコントロール

## 1　情報の共有化と活用の制限

これからの情報社会では、ますます情報の共有化や活用が進むことが予想される。そのことは、一般に公益に資するものと考えられるが、しかし、そうしたことは、個人の権利や自由（とくにプライバシー権）の保護の観点から、一定の制限が求められることになる。たとえば、前述したようにテロ行為防止活動に、ある種の情報を活用することは、個人の権利や自由の保護の観点から制限されるべきものだと考えられる。

しかし、個人の権利や自由の保護の観点からだけではなく、公益保護の観点からも、情報の共有化や活用に関して一定の制限が求められることがある。たとえば、日本で二〇一三年に制定された特定秘密保護法は、そうしたものとして位置づけることができるだろう。

もちろん、情報プライバシーの権利が過度に保障されることで、公益を損ねる可能性があり得るように、特定秘密保護法によって、ある種の情報の共有化が妨げられ、不当に別の公益（たとえば、政府の説明責任の追及や社会正義の追求など）が侵害されるおそれも考えられる。そのため、公益保護の観点から、一定の情報の共有化の制限が求められるとしても、それが不当に拡大されないように、適正にコントロールできなくてはならない。

ここでは、そうした問題意識から、平成二八年二月二五日の静岡地裁判決[23]を検討したい。

この事案は、以下の通りである。すなわち、沖縄返還交渉に伴う密約に関する外務省秘密漏洩事件[24]で有罪となった記者が、その後、密約の存在が明らかとなり、当該有罪判決が誤審であったことも明らかとなったなどとして、国家賠償などを求めたところ、一審[25]、二審[26]ともに請求は棄却され、最高裁でも上告棄却などとされた。本件は、その国家賠償等請求訴訟における原告の弁護人を担当した弁護士が、特定秘密の保護に関する法律（以下、「特定秘密保護法」、または、「本件法」）の違憲無効確認を求めるとともに、弁護権侵害に伴う国家賠償を求めた事案である[27]。なお、本件原告の訴えは、本件判決において認められなかったが、その後、高裁でも最高裁でも退けられている。

## 2　判例要旨

まず、本件判決は、本件無効確認の訴えに関して、先例[28]を踏まえて、「裁判所法三条一項にいう『法律上の争訟』として裁判所の審判の対象となるのは、当事者間の具体的な権利義務ないし法律関係の存否に関する紛争に限られるところ、このような具体的な紛争を離れて裁判所に対して抽象的に法令が憲法に適合するかしないかの判断を求めることはできない」とした。そのうえで、「原告は、沖縄返還協定の密約による支出金について解明するためホームページを通じて当該作業に関与した人物等に訴えて情報を求め、さらに、密約文書の存在が裁判所で認定されたことを受け、権力犯罪の手口を解明しようとしているところ、教唆罪等（本件法二五条）の刑罰によって具体的弁護権が妨害されることは明らかであると主張する」が、「しかしながら、原告の上記主張をもってしても、未だ、原告に対する刑罰の適用可能性が具体的になっているということはできず、原告の具体的な権利義務ないし法律関係の存否に関する紛争に至っているということはできないと解される。そして、本件法の内容及び仕組みをみても、刑事訴追等の不利益処分を経ずに特定の個人の具体的な権利義務ないし法律関係の存否に直接の影響を及ぼす規定が含まれているということはでき」ず、「原告は……具体的な紛争を離れて裁判所に対して抽象的に本件法が憲法に違反するかしないかの判断を求めているものと解するほかない」とした。したがって、「本件無効確認の訴えは……不適法であるといわざるを得ない」とし、本件法の違憲無効確認に係る訴えは却下とした。

次に、本件判決は、先例(29)の枠組みに従い、国家賠償請求に関して、「本件法が原告に憲法上保障されている権利ないし利益を違法に侵害するものであることが明白であると認められるかどうかについて検討する」とし、原告が「弁護士には、個々の依頼人の存在を離れた立場において、憲法上及び弁護士法上具体的弁護権が保障されており、本件法は原告の具体的弁護権を侵害していると主張していることから、まず、具体的弁護権が憲法上及び弁護士法上保障されているか否かについて検討」している。そして、憲法七六条三項、三二条、三一条、三四条、三七条三項を根拠として、「個々の依頼人の存在を離れた立場において、具体的弁護権が保障されているということはできない」とした。また、弁護士法を検討したうえで、弁護士法一条に関しても、同様であるとした。そして、平和主義違反、国民主権原理違反、基本的人権（プライバシー権、報道・表現の自由、学問の自由、罪刑法定主義、適正手続の保障）侵害に関する原告の主張に対しては、「本件法により、原告にどのような権利ないし利益の侵害が具体的に生じているかは明らかとなっていない」とした。以上のことから、「原告の国家賠償請求は理由がない」とし、棄却とした。

## 3　若干の考察

本件判決は、基本的に先例の枠組みに従ったものであり、その意味では、必ずしも、批判されるべきものではない。

たとえば、原告は、長野勤評事件最高裁判決[30]や河川法上の処分権限不存在確認訴訟最高裁判決[31]を踏まえて宣言的判決が認められると主張している。しかしながら、それらは無名抗告訴訟の可能性に言及したものに過ぎず、それらから直ちに本件事案において違憲無効確認の訴えが認められるというには、やはり、無理があるものと思われる。また、本件事案において、憲法の平和主義などとの関係において原告の具体的権利が侵害されていないとした点に関しても、先例を踏まえれば、十分に予想し得る内容のものだといえるだろう。

ただし、本件判決の弁護士法一条の解釈に関しては、やや論争的なものだと思われる。

本件判決では、「弁護士法一条一項は……職務行為を行うに際しては、基本的人権の擁護と社会正義の実現ということを目指して行動するということを求めるものであり、同条二項は、その行動目標を規定したもの」などとし、「個々の依頼人の存在を離れた立場において、具体的弁護権が保障されているということはできない」としている。つまり、本件判決は、弁護士法一条の趣旨を、個々の依頼人が存在する場合等に「職務行為」を限定したうえで、さらに、そうした「職務行為を行うに際して」に限定しているものと考えられる。

しかし、これら二重の限定を加えて弁護士法一条の趣旨を狭く解することは、はたして妥当なことだろうか。少なくとも、これら二重の限定は、実社会における弁護士に対する期待や実践とは異なっているものと思われる（ただし、本件判決よりも広く解したからといって、直ちに本件事案において権利侵害が認められるというわけではない）。したがって、この点に関しては、少なくとも、もう少し慎重な検討が必要だったのではないだろうか。

ところで、特定秘密保護法に関しては、それに基づく特定秘密の指定などが適切に運用されるのかが問題とされてきた。そのため、政府内の監視機関のほか、国会の両院にも情報監視審査会が設置されている。しかしながら、その監視機能に関しては、政府の下にある行政機関が特定秘密を指定する以上、政府内の監視機関の外形的な信頼性は高くはない。したがって、国会の両院に設置される情報監視審査会が重要となるが、しかし、その委員の構成は政府を支持する与党で過半数が占められている以上、やはり外形的な信頼性は乏しいように思われる。

この問題に関して参考となるものに、憲法学者の孝忠延夫の「政府・行政統制機関としての国会」に関する主張がある。すなわち、孝忠は、「議院内閣制の下における権力分立の対抗軸が、主として政府＋与党（議院内多数者）vs野党（議院内少数者）に移行している」ことを前提として、「政府・行政に対する議会的統制は、一定数の議院グループ（会派）の活動の機会を保障するとともに、個々の議員が積極的に活動しうる場と機会を可能な限り保障することによって実効的なものとなる。国政調査権の発動、行使についてのみならず、議院、委員会における議会内少数者権の保障と尊重は、政府・行政統制権の実効的行使のために議院の自律的判断によって工夫されなければならない」と主張する。[32]この孝忠の主張に従えば、情報監視審査会は、各議院の良識に基づいて、議院内少数者（すなわち、野党）を中心に委員を構成することなどが求められるだろう。そして、そうすることによって、（その権限に不十分さが残るにせよ）情報監視審査会の外形的信頼性が確保されるものと思われる。

しかしながら、現実にはそのようにはなっておらず、また、そうなる見込みも多くはないだろう。つまり、「政府・行政に対する議会的統制」が機能し難い仕組みになっているのである。

こうした現状を踏まえれば、特定秘密保護法に関しては、司法的統制が期待されるべきだといえなくもないだろう。実際、裁判所は、単なる具体的争訟の解決機関ではなく、権力分立を担う機関でもあり（すなわち、司法的統制が期待されており）、「憲法判断が不可欠でない場合でも、裁判所は、諸事情を総合的に考慮して、憲法判断に踏み切ることができる」[33]のである。もし、仮に、そうした見解に立つならば、本件判決での憲法上の争点の扱いは消極的に過ぎたといえるのかもしれない。

## 4　議会的統制の不十分性、そして、裁判所と弁護士の役割

本件判決は、これまでの先例に従ったものだという点では、あまり見るべきものはないのかもしれない。しかし、特定秘密保護法の政府・行政に対する議会的統制の不十分性、そして、そのことを踏まえた裁判所や弁護士の役割などといった、より広い視座から見たとき、これからの裁判所や弁護士の役割を問い直す契機となる論点が見出せるものといえるのではないだろうか。

もちろん、憲法上の争点の扱いに対する裁判所の消極性は、本件判決に限られたものではない。しかし、ある意味では、そのように司法的統制さえ十分に機能し得ない現状だからこそ、「基本的人権を擁護し、社会正義を実現することを使命と」（弁護士法一条一項）し、その「使命に基き、誠実にその職務を行い、社会秩序の維持及び法律制度の改善に努力しなければならない」（同法一条二項）弁護士の役割に期待されるともいえるのであり、そうだとすれば、本件判決のように弁護士法一条の趣旨を狭く限定して良いものかどうかが、いっそう問題となるものと思われる。

そして、もし、弁護士法一条の趣旨を広く解し、社会正義に関する弁護士の活躍を広げることができたなら、憲法上の争点の扱いに対する裁判所の消極性も改善されるのではないだろうか。

【注】

（1） Daniel J. Solove, *Symposium: Surveillance: Data Mining and the Security-Liberty Debate*, 75 U. Chi. L. Rev. 343 (2008) at 343.

（2） *Id.* at 343.

（3） *Id.* at 347.

（4） *Id.* at 349.

（5） *Id.* at 350–351.

（6） *Id.* at 351.

（7） *Id.* at 351.

（8） *Id.* at 352.

（9） *Id.* at 352.

（10） *Id.* at 352.

（11） *Id.* at 352.

（12） *Id.* at 353.

（13） *Id.* at 353.

（14） *Id.* at 358.

（15） *Id.* at 357.

（16） *Id.* at 359.

（17） *Id.* at 359.

（18） *Id.* at 361.

(19) IQAに関しては、宇賀克也『情報公開法――アメリカの制度と運用――』日本評論社（二〇〇四年）二〇―二二頁、同『情報公開と公文書管理』有斐閣（二〇一〇年）三二一―三三三頁、薄井信行「Information Quality Actから考察する情報発信者としての自治体」小林直三・根岸忠・薄井信行編『地域に関する法的研究』新日本法規出版（二〇一五年）六二頁、壬生裕子「行政が活用する情報の質の向上に関する検討――Information Quality Actとそれに関わる取り組みを材料として――」同志社大学政策科学研究二〇周年特集号七五頁（二〇一六年）を参照。

(20) たとえば、拙稿「環境保護に関する憲法学的一考察――Information Quality Actを踏まえた手続的環境権の保障――」小林直三・根岸忠・菊池直人編『法と持続可能な社会の構築』新日本法規出版（二〇一七年）五頁では、手続的環境権の保障としてだけではなく、環境保護にあたってデフォルト・ルールを用いるにあたっても、その有用性を高めるためにIQAが重要であるとしている。デフォルト・ルールの活用に関しては、以下の文献を参照のこと。*See*, Cass R. Sunstein and Lucia A. Reisch, *Automatically Green: Behavioral Economics And Environmental Protection*, 38 HARV. ENVIRONMENTAL L. REV. 127 (2014). また、同前・薄井は、地方自治体のパブリック・コメントの実質化の関係でIQAの重要性を論じている。

(21) 前掲注19・薄井、87頁。

(22) なお、IQAの問題点とその改善の指摘に関しては、以下の文献を参照のこと。*See.* Daren Bakst, *Strengthening the Information Quality Act to Improve Federally Disseminated Public Health Information*, 75 FOOD & DRUG L. J. 234 (2020). James T. O'Reilly, *The Information Quality Act: Is There a There, There?*, 75 FOOD & DRUG L. J. 278 (2020).

(23) 詳細は、静岡地判平成二八年二月二五日Westlaw Japan 文献番号 2016WLJPCA02256002を参照。

(24) 詳細は、最一決昭和五三年五月三一日（刑集三二巻三号四五七頁）を参照。

(25) 詳細は、東京地判平成一九年三月二七日Westlaw Japan 文献番号2007WLJPCA03270004を参照。

(26) 詳細は、東京高判平成二〇年二月二〇日（判例タイムズ一三〇一号二〇一頁）を参照。
(27) なお、特定秘密保護法の違憲無効を求める訴訟としては、すでにフリージャーナリストらが提起したものがある。詳細は、東京地判平成二七年一一月一八日 Westlaw Japan 文献番号 2015WLJPCA11186001 を参照。
(28) 詳細は、最大判昭和二七年一〇月八日（民集六巻九号七八三頁）、最二判平成三年四月一九日（民集四五巻四号五一八頁）を参照。
(29) 詳細は、最一判昭和六〇年一一月二一日（民集三九巻七号一五一二頁）、最大判平成一七年九月一四日（民集五九巻七号二〇八七頁）を参照。
(30) 詳細は、最一判昭和四七年一一月三〇日（民集二六巻九号一七四六頁）を参照。
(31) 詳細は、最三判平成元年七月四日（集民一五七号三六一頁）を参照。
(32) 孝忠延夫『「マイノリティ」へのこだわりと憲法学』関西大学出版会（二〇一〇年）三七―四〇頁。
(33) 拙稿「第6章　裁判所」澤野義一・小林直三編『テキストブック憲法』法律文化社（二〇一四年）六五頁。

# 第4章

# カスケード効果と司法
## ——情報社会での司法のあり方

## はじめに

一九九〇年代末から進められた司法制度改革では、法科大学院を設置し、また、裁判員制度の導入などを行ってきた。そして、日本の司法は、「戦後改革以来の最大の転換点にあることはいうまでもない。現在進行中の——『制度基盤の整備』『人的基盤の拡充』『国民の司法参加』という包括的プロジェクトによって構築される——司法改革が実現すれば、日本国憲法発足以来はじまって以来の劇的な変化が法の世界にもたらされることに疑問の余地はない」とされていた。(1)

もちろん、その改革が現実に劇的な変化をもたらすのか、また、その変化が良いものかどうかについては、いまだ、即断することはできないものと考えられる。なぜなら、その改革の実態が当初考えられていた理念とどの程度一致するものだったのか（あるいは、むしろ、逆の効果を生み出しかねないものなのか）、改革は入り口に立ったところなのか（あるいは、すでに終えられたものなのか）、これらの評価をするには、もう少し時間がかかるように思われるからである。

しかし、この司法制度改革によって、少なくとも理念としてなら、日本の司法が、従来と比べて市民に開かれた方向へと導かれるべき可能性が増したのだといってよいだろう。

それでは、そうしたことを踏まえつつ、現代の情報社会を考えた場合、はたして、司法は、どのようなものであるべきなのだろうか。

また、これまで検討してきたような情報プライバシーの権利を保障するのであれば、あるいは、行政によるデータ・マイニングの活用に憲法的に一定の限界があるとするのであれば、司法においても、それらが実現されていかなくてはならない。

それでは、それらを実現する司法とは、いったい、どのようなものであるべきなのだろうか。

これらの問いは、現代の情報社会に憲法学的にアプローチする場合に、重要な問題だと考えられる。そこで、本章では、これまでとは少し視点を変えて、現代の情報社会における司法のあり方に関して検討していきたいと思う。

本章では、検討にあたって、おもにキャス・R・サンスティン（Cass R. Sunstein）による司法と裁判官に関する分析を参考にして、この問題に関して考察していきたい。

サンスティンは、「一九七五年にハーヴァード大学、一九七八年にハーヴァード・ロー・スクールを卒業」し、「T・マーシャル（Thurgood Marshall）裁判官（連邦最高裁）のロー・クラーク（一九七八～七九年、一九七九〜八〇年）……を経て、一九八一年にシカゴ・ロー・スクール Assistant Professor とな」り、その後、「二〇〇八年九月に、Felix Frankfurter 講座教授として、ハーヴァード・ロー・スクールに迎えられ」ている。また、「憲法、行政法、法理学の分野で極めて多数かつ幅広い業績を有している。熟議民主主義論（Deliberative Democracy）論、共和主義的憲法理論の第一人者として知られており……一九八〇年代以降の『共和主義の再興』を支える人物である。経済学や心理学などの知見を積極的に取り入れ、他領域の研究者との共著書・論文も多い」。そして、研究だけではなく、現実の政治にも深く関わっており、「冷戦終結後の東欧諸国や南アフリカなどにおいて、憲法制定や法改革活動に関与して」おり、「オバマ（Barack Obama）大統領とは親しい関係にあり、政策上の助言も行ってい」たといわれている。(2) なお、'Deliberative Democracy' は、「熟議民主主義（熟議民主政）」とも「討議民主主義（討議民主政）」とも訳される。

以上のように、サンスティンは、米国憲法の著名な研究者の一人であるばかりではなく、現実の政治にも深く関わり、影響力をもつ人物である。

そして、サンスティンは、司法のあり方として、司法ミニマリズムや「不完全に理論化された合意」の考え方を提唱している。また、裁判官もカスケード効果を受けるものと理解し、その長所と短所を踏まえて、司法的合議体の人事構成に関して提言を行っている。このことは、情報社会における司法のあり方として、注目すべきものだと思われる。

本章では、まず、サンスティンの憲法枠組みについて概観しておきたい。そのうえで、サンスティンが注目するカスケード効果（先行者の判断や行動が、後続者の判断や行動に影響し、ときとして、それが連鎖的に拡大する現象）に留意しながら、司法のあり方を考えていきたいと思う。

## 1　自由民主政論の諸問題と共和主義および熟議民主政論からの応答

まず、ここでは、サンスティンの憲法枠組みを概観しておきたい。

今日、民主政を根本的に否定する見解はほとんどないだろうし、それを日本国憲法の解釈に限定するなら、なおさらのことだろう。

しかし、その「民主政」という用語に込めるコンセンサス、または、理念となると、論者によって異なるかもしれない。たとえば、フランク・カニンガム（Frank Cunningham）は、「民主政とは……政策とその実施の任にあたる機関が直接的ないし間接的に人民の投票によって決定され、これを基礎に政治権力が行使されることであると想定するとしても、これが政府を動かす最善の方法であるかとなると、あるいは、少なくとも優れた方法であるかとなると、問題がないわけではない(3)」としている。つまり、今日、多くの論者は、民主政を肯定しているが、しかし、同時に、その問題点も認識しているのである。

カニンガムは、民主政の諸問題として、（それらだけに限られるわけではないが）およそ、次のものをあげている。

第一に、「多数派の専政」の問題である。そして、「こうした異論は民主的支配をめぐる政治的懸念に発しているというより、民主政を哲学的に正当化することができるか、あるいは、どのように正当化できるかにかかわっていることが多い」。つまり、「少数派に対する抑圧が明確に正当化される状況においてのみ、多数派は専政のそしりを免れうる」ことになるわけだが、しかし、「何が正当かとなると、根強い意見の対立が認められる」とする。(4)

第二に、「文化と道徳の大衆化」の問題である。つまり、民主政によって、「文化が軽視されるなかで多数派の専制が非公式に横行し、また、ある種の思想統制のなかで教養ある人々が無視されたり、社会的に追放されることになりはしないかということである」とする。(5)

第三に、「無力な政府」の問題である。つまり、民主政によって、「権威の正統性が揺らぐとともに、共同体の目的感を育てるフォーラムが奪われ、指導者層に対する敬意が広く失われている」など様々な理由から、民主政、あるいは、民主的社会が、ある種の機能不全に陥っているというものである。(6)

第四に、「デマゴギーと民主政の空白領域」の問題である。つまり、「『人民』とは『多数派』にまして抽象的なものである」。そのため、具体的人格のない「人民」は一種の空白領域となり、民主政における支配の位置に人民ではなく、人民に任命された、あるいは、それと自任する人々が位置することになり、デマゴーグを生み出すというわけである。(7)

第五に、「紛争」の問題である。「人々は恐怖ないし敵意にかられがちであるとする多様な社会理論」を前提とするなら、時として、「民主政は敵対関係を避ける実効的手段とはなりえないことになる」かもしれないからである。(8)

第六に、「抑圧支配のマスク」の問題である。つまり、「とりわけ政治的左翼においては、民主政によって別の諸圧力が許容されているのではないかと、あるいは、民主政がある種の覆いとなって、これを促すらしているのではないかと考える人々もいる」というのである。[9]

そして、第七に、「非合理的なものとしての民主政」の問題である。[10] とくに、この問題に関しては、本章で取り上げるカスケード効果にも深く関わるものだと思われる。つまり、個々人のレベルでの合理的判断は、必ずしも、全体としての判断の合理性を導き出すことができないかもしれないのである。したがって、その場合には、全体としての合理的判断を導くために、憲法的アレンジメントを考えなくてはならないだろう。

ところで、カニンガムは、「自由民主政論者の全ては、事実上、国家による政治的・市民的自由の保護や国家干渉から自由な私的領域と結びついた形式的手続きにしたがって（ある局面では多数決投票を含む）代表者が選ばれている場合には、代議制民主政を支持しえるとしている。多元主義と政治的個人主義は、自由民主政を維持するうえで大衆の政治文化における重要な価値であるとみなされているだけでなく、こうした理論家にとっては、その方向性の核心に位置している」[11] とする。民主政の通説的見解である自由民主政論者をこのように位置づけるとすれば、これら七つの批判は、概ね、自由民主政論に当てはまるものだといえるだろう。そして、どのように、これらの批判に応えていくのかによって、同じ民主政論者であっても、その具体的なコンセンサスや理念が異なってくるものと思われる。

さて、サンスティンは、民主政論者のなかでも、共和主義（市民的共和主義、あるいは、自由主義的共和主義）の論者の一人であるが、カニンガムによれば、共和主義者（市民的共和主義者、あるいは、自由主義的共和主義者）の主張は、「とりわけ、自由民主政の自由主義的次元に対して挑戦する位置にある」(12)。

多数派の専政という問題に関して、「少数派であるというだけで、人民の一部がいつまでも排除され続けてしかるべきであるとする理論は見当たらない」。そして、自由民主政論者は、多元主義的信条と結びついて、「個人の権利を最優先すべきであるとするとともに、善き生活ないし善き社会観は多様であれ、この点について国家は中立的であるべきとする。だが、市民的共和主義の伝統に立っている理論家たちは、こうした自由民主政の要諦によって公的道徳が阻害され、人々は自らを市民的共同体の成員であると見なしえないでいる状況が起こっているとする」(13)のである。したがって、共和主義者は、市民的美徳、あるいは、公徳心を高めることで社会的コンセンサスを高め、それによって、多数派の専制、文化と道徳の大衆化、無力な政府およびデマゴーグなどの諸問題に応答しようとするのである。

この応答は、日本の司法においても重要な問題であるといえるだろう。なぜなら、司法が開かれるべきその先にいる国民は、自律的解決主体としての国民だからである（国民を保護客体として捉えるのではなく、あくまで解決主体として見る）(14)。したがって、本来、司法は、たんなる司法だけの問題に留まって捉えられる性質のものではなく、われわれ国民（あるいは、われわれ市民）の自律性の捉え方に関わるものなのである。

しかしながら、同じ共和主義者においても、個人の自律性、負荷ある自我、および政治参加などの問題に関して、意見を異にしている点には、十分に留意しておかなくてはならないだろう。

たとえば、マイケル・サンデル（Michael Sandel）は、負荷ある自我を強調して共同体を重視し、かつ、政治参加の必要性を主張するのに対して[15]、フィリップ・ペティット（Philip Pettit）の自由観は、統制の欠如といったように、サンデルに比べ消極的なものである[16]。また、政治参加に関して、少なくとも、憲法政治の理念において、「我ら人民（we, the people）」を強調するブルース・アッカマン[17]（Bruce Ackerman）に対して、サンスティンは、むしろ、議会を重視しているものと思われる[18]（ただし、アッカマンにいうところの憲法政治と通常政治の枠組み、あるいは、憲法政治の決定主体である'we, the people'と通常政治へ関与する「人民」との異同には注意すべきだろうし、したがって、もちろん、単純に、サンスティンとの比較はできないだろう）。

さて、市民的共和主義者、あるいは、自由主義的共和主義者の多くは、サンスティンを含めて、しばしば、参加民主政、あるいは、熟議民主政を構想している。

とくに、熟議民主政論者によれば、民主過程とその帰結を正当化するには、人民がその過程に同意するだけでは不十分であり、理に基づいた熟議が許容され、奨励されなければならないとしている。

しかし、そのためのフォーラムの条件に関しては、見解が分かれているように思われる。

たとえば、アッカマンは、善き社会、あるいは、善き生活の概念に関与することを避け、自由主義的中立性を強調するのに対して[19]、サンスティンは、反カースト原理を民主政に内在する道徳として肯定している[20]。

また、「紛争」の問題について、とりわけ、熟議民主政論者は、異なる見解の者の間での熟議を促すことによって克服しようとするが、そのことに関しても、論者において微妙に見解を異にしている。たとえば、根深い道徳的不一致やイデオロギー的対立のために見解の一致が見られない事柄において、熟議を行うことそのものが重要と考える立場と、そうした事柄に関しては、むしろ、議論を避けるべきだとする立場がある。サンスティンがいずれの立場に属するのかは難しい問題であるが、少なくとも、司法の役割、あるいは、司法の姿勢に限定するなら、(後述するように)サンスティンは、司法が根深い道徳的不一致やイデオロギー的対立にかかわることには慎重な姿勢を示している。つまり、そうした場合に司法は、その判断を一致のみられるプラクティスに限定して、根深い道徳的不一致やイデオロギー的対立にかかわる抽象的レベルにまで持ち込むべきでないとするのである。

ところで、参加民主政、あるいは、熟議民主政を構想する場合、(それが手段としてなのか、それとも、目的としてなのかの違いはあるが)一般に、多様性が重要だとされる。

サンスティンも多様性を強調するわけだが、その場合には、いわゆる「寛容の逆説」の問題を生じることになる。

この問題に関して、サンスティンは、多様性の範囲を合理的多様性に限定することで応じようとする。たとえば、サンスティンは、大学教育でのアファーマティブ・アクションの文脈において、次のように述べている。すなわち、「大学は、抽象的に多様性を追求するわけではない。それらは、エルビス・プレスリーの記念品を収集したり、ポテトチップスばかり食べたり、アメリカを侮蔑したり……する学生……を含むように特別な努力をするわけではない。われわれの諸制度は多様性にコミットするが、しかし、それは、ある程度の、かつ、ある種のものに限られる」。「誰しも、大学が見解の多様性を求めることは正当なことだと同意するはずである」。「ここでも、もちろん、望ましい範囲は限られる。南アフリカのアパルトヘイトを賛美したり、共産主義の崩壊を嘆いたり、太陽は地球の周りを運行すると信じたり、あるいは、宇宙人が降り立って、われわれの間で偽装して暮らすと主張する人々を求めるために、大学は特別なステップを採ろうとはしない。求められるものは……教育を改善するだろう合理的多様性の類である」[21]。

もちろん、これは、大学のアファーマティブ・アクションという限られた文脈においての主張であり、一般化することには慎重であるべきである。しかしながら、このことは、ある意味、共和主義的立場の特徴と限界を示すものだといえるかもしれないだろう。つまり、今日の共和主義の多くは、多様性を促進する自由主義的立場に属しつつも、その範囲を何らかの形で限定することで、諸々の自由民主政の問題に応答しようとしている。しかし、そのことは、前述のいわゆる「抑圧支配のマスク」の問題を生じてしまう。共和主義の立場では、一面において、「抑圧支配のマスク」の問題を緩和するかもしれないが（あるいは、緩和するからこそ）、わかり難い（より巧妙な）「抑圧支配のマスク」の問題を生み出してしまうのかもしれないのである[22]。

## 2　サンスティンの憲法枠組みの概略

以上のように、民主政の諸問題、あるいは、自由民主政論への批判に（少なくとも、その批判のいくつかに）共和主義者は応えようとするのであるが、共和主義者といっても、（ある程度の共通性をもちながらも）

実際には多様な主張をしており、それらの主張を一般論として捉えることは難しいように思われる。また、共和主義者のそれらの主張は、別の新たな問題を生じさせる可能性もある点には、十分に留意しなくてはならないだろう。

それでは、サンスティンは、具体的に、どのような憲法枠組みを構想しているのだろうか。その概略をみておきたい[23]。

まず、「連邦と州の関係においてサンスティンは、憲法上、州の離脱権を保障することに懐疑的である。州の離脱権は、政治道徳として正当化し得るものの、民主プロセス、あるいは、熟慮のプロセスを脅かす危険がある」からである。そのため、「自己統治の観点に照らして離脱権を憲法上認めることは出来ないのである。また議会と大統領の関係において、サンスティンは大統領の弾劾条項を厳格に解することを主張する。大統領弾劾の基準を下げることは、憲法の想定に反して大統領弾劾を党派の道具とし、アメリカの自己統治にとって不幸な問題を引き起こす」からである。したがって、サンスティンは、「厳格に弾劾制度を理解することが、民主的熟慮の制度に対する憲法的熱意に沿う」と主張している[24]。これらの事柄は、連邦制や大統領制を採用しない日本には、直接、関わらないことなのかもしれない。しかしながら、「現代における文化の多元化の現象は西欧を中心とする自由主義あるいは個人主義の一つの帰結でもあ」り、「そしてそれは……近代社会の主流となった自由主義、法治主義、あるいは資本主義を一つの文化様式として相対化し、改めてその有効性を問い直すに至っている。またこのような動きのなかでは日本社会も決して例外ではな[25]」いことを踏まえれば、自由主義社会では、（程度の差こそあれ）分極化と対立の中で、国民国家の動揺は避けられないものだといえるだろう。その場合、サンスティンの構想の背景にある党派性の問題や国全体としての熟議を促すという発想は、日本においても、十分に参考となるものだと思われる。

さて、人権規定においてサンスティンは、革新的解釈を肯定できると考えている。「サンスティンによれば、デュープロセス条項は伝統的に尊重されてきた権利を、新たなあるいは短期間の変化から保護するものであり、保守的条項として機能する。それに対し、平等条項は、自覚的に伝統的慣行に対立して志向するもので、革新的条項として機能するものである」。このように「サンスティンの平等条項の理解で特徴の一つは、機能においてデュープロセス条項と対比的に革新的条項として理解することである」。そして、「もう一つの特徴は、その内容面において平等条項の中心を反カースト原理として理解することである」。そのため、サンスティンは、「アファーマティブ・アクションを肯定する[26]」。このように憲法解釈に関していえば、サンスティンは、必ずしも、文理解釈に拘泥しないのである。

しかしながら、そのことと、司法がどのような判断をすべきなのかの問題とは、別のものである。司法の役割や姿勢に関していえば、サンスティンは、社会において十分なコンセンサスを得られていない事柄については、司法ミニマリズムの立場を主張している[27]。なぜなら、そうした事柄に関する司法の過度に積極的な判断は、場合よって、司法の自律性を脅かすかもしれないからである。サンスティンは、判断を憲法的プラクティスに留める「不完全に理論化された合意」を重視している。つまり、抽象的理論では合意し得なくとも、具体的な憲法的プラクティスにおいては合意できるのであれば、司法の判断は、そうした具体的プラクティスのレベルに留めるべきだとするのである。

それによって、裁判所は、政治的責任を回避し、司法の独立性を保ちながらも、提起された訴訟の解決を通じて、権利保障、あるいは、一定の憲法保障に寄与することができるのである。また、裁判所は、適法に行われた訴訟を解決するために他の権力から独立して判断しなければならないが、その際、裁判所は、争いのある基本原理への判断を迫られ、その結果、過度に政治化する恐れがある。こうした政治的責任と司法の独立性との緊張関係を緩和するために、この「不完全に理論化された合意」は有用なものだといえるだろう。したがって、サンスティンによれば、そうした場合、個人的権利の問題であっても、大統領や議会が一次的責任を負うべきであり、司法の役割は二次的で、裁判所は、注意深く始め、漸増的に行うべきとするのである[28]。

こうした司法ミニマリズムや「不完全に理論化された合意」の考えは、「不十分なものであり、過渡的な理論又は合意に過ぎないのかもしれない。しかしながら、実は、そのことが長所でもある。些か逆説的である」けれども、「不完全に理論化された合意」は、「その不完全性ゆえに」、多様な価値観を持ち得る社会、すなわち、「多文化社会における衝突を最小限とし、かつ現在が未来から学ぶことを許し、多くの時間と支出を省くのである[29]」。そうしたことを踏まえたなら、社会において十分なコンセンサスを得られていない事柄に関して、司法は、注意深く始め、漸増的に行うべきだとするサンスティンの主張は、米国と同様、日本においても、やはり、示唆に富むものだといえるだろう。

こうしたサンスティンの「司法ミニマリズム」の主張は、いわゆる「司法消極主義」と誤解されるかもしれない。しかし、サンスティンの司法ミニマリズムの構想と司法消極主義とは、まったく異なるものである。実際、サンスティンは、（議会ではなく）国民の間にコンセンサスを得られた事柄に関しては、司法の積極的役割を認めている。

また、サンスティンは、合理性審査基準の厳格化、そして、社会的経済的権利の領域における政府の説明責任を強調している。そのことによって、国全体の熟議を促せるからである。サンスティンたちが主張する熟議民主政は、憲法に基づく内省と理の付与を強調することで、民主主義を立憲主義との対立から救おうとするものである。他方、憲法的アレンジメントのポイントの一つが、民主主義を「ブロックする」ものではなく、民主主義を活性化させるものであり、かつ、民主主義をより熟慮させていくものと捉えることで、立憲主義を民主主義との対立から救おうとするものだといえる。このような形で、サンスティンは、いわゆる「死者の支配」の問題に答えるわけだが、そうしたサンスティンの構想において、司法は、重要な役割を期待されることになる。[30]

ただし、サンスティンの構想では、基本的には、熟議のためのフォーラムとしての議会の役割が重視されている。そして、そもそも、憲法規範の名宛人は、司法に限られるわけではなく、議会なども広く含まれるのである。サンスティンの問題意識には、従来の議論が司法に集中し過ぎたことがある。[31] その問題意識を共有するなら、サンスティンの構想のように、司法審査に限定することなく、広い枠組みで憲法保障を議論しなければならないだろう。

このようなサンスティンの憲法保障の構想は、一方で、ウォーレン・コート期の積極的判決が評価され、他方で、かつてのアントニン・スカリア（Antonin Scalia）のような文理解釈主義の主張やウィリアム・レーンキスト（William Rehnquist）などの保守的傾向を持つ主張があり、さらには、「死者の支配」の問題提起に見られるように、司法審査そのものの意義を問うといった米国の議論状況のなかで、実質的には、ウォーレン・コート期などの積極的判決を認めながらも、その判断の方法に工夫を加えることで、それらへの諸々の批判に応答するものとして、高く評価できるものと思われる。

また、自由民主政への諸批判に関しても、自由主義と接合した共和主義という立場から一定の応答をなしている点でも、評価できるものだといえるだろう。

また、いわゆる「リバタリアニズム」との関係においても、サンスティンの構想は重要な意味をもつものだと思われる。つまり、サンスティンたちの議論の背景には、八〇年代のリバタリアニズムの潮流において、市場原理を公的部門へ適用しようとしたことへの反省がある。すなわち、「公的部門においては、市民が自らの目的を表明し、共通理解を形成・発展することを可能とする、市場メカニズムとは別の考え方・制度的枠組みが必要となり、多様な人・集団が政策や活動に関する合意（agreement）に到達するために、市民としての参加を強調する討議民主主義（deliberative democracy）が提唱[32]」されたのである。このことは、言い換えれば、公共性の復権の必要性とその可能性を示唆するものでもある。そして、前述の点と重なるが、「単純化して言えば、共和主義は『公共性の衰退』ということが問題にされる現在の政治的状況の中で、二重の意味で『公共』性の復権を目論む思想であり、その過程で共和主義は『政治過程』観について多元主義と対立し、また『自由』観についてリベラリズムと原理的に対立すると考えられる」。そして、「こうした共和主義の政治過程観は、しばしば『討議民主政（deliberative democracy）』と呼ばれ、魅力ある民主主義像を示すものとしてアメリカにおいて急速に台頭しつつあり、わが国の憲法学においても注目を集め始めている[33]」のである。サンスティンは、そのような共和主義の立場に属し、民主政の構想として、熟議民主政を提唱しているのである。

しかしながら、他方において、「共和主義の立場を徹底させれば、リベラリズムが保障しようとする、公的権力から干渉されないで私的な生を生きる自由は、私生活に個人を埋没させることによって、真に尊厳ある完全な生を生きることを不可能にするという理由で否定される可能性があ」り、「共和主義的な選択を『政治過程』観の次元を超えて『自由』観の次元における選択にまで拡大して徹底させるならば、それはリベラリズムと基本的に対立することにな[34]」る。日本では、自由民主政が通説的立場を占めているが、そのことが、共和主義者のうちでも、リベラリズムと共和主義との接合を目指すサンスティンの構想に注目すべき理由でもある。つまり、「熟慮民主主義の概念は、古典的な共和主義ではなく、市民的共和主義やコミュニタリズムなどの最近の見解を背景としていると理解されており、サンスティン（Cass Sunstein）に代表されるように、従来の共和主義観を修正し現代に適用する形で用いるべきであるとする見解が念頭に置かれている[35]」のである。通常、自由主義民主政論者は、自由主義によって、国家活動を制約して国家権力を閉じ込めようとするが、サンスティンも、憲法上の権利に関して、「プレコミット戦略」を否定するわけではないし、党派性の問題に関して、国家権力の均衡と抑制のシステムを重視している。このようにサンスティンの構想は、比較的、従来の自由民主政の構想と親和的であり、自由民主政論を否定する新たな議論というより、それを発展させた議論として、評価することができるだろう。また、サンスティンが前提とする米国の議論状況には、日本においても共通するものがあり、したがって、サンスティンの憲法の基本的な枠組みは、日本においても、大いに示唆に富むものだと思われる[36]。

さて、以上がサンスティンの基本的な憲法枠組みの概略であるが、その憲法枠組みにおける基本的な問題意識の一つに、党派性の問題がある。つまり、サンスティンの基本的な問題意識の一つは、どのようにして党派性の問題を抑制できるのかにある。そして、その抑制するためのフォーラムとして、立法府を重視している。また、それに対応して、司法のあるべき役割は司法ミニマリズムとされる。

では、なぜ、党派性を抑制するフォーラムとして司法を想定し、より積極的な司法的抑制を構想しないのだろうか。

結論を先取りすれば、サンスティンは、司法の担い手である裁判官も、党派性や分極化の問題を生じるものだと考えるからである。

## 3　カスケード効果と司法的合議体の人事構成

### (1) 情報カスケードと専門家

サンスティンの憲法枠組みの特徴の一つは、前述のように立法府の判断を重視する一方で、司法の役割を司法ミニマリズムと考える点にある。そして、その背景には、党派性に関する問題意識がある。しかし、党派の問題性は理解できるにしても、なぜ、その処方箋が司法ではないのだろうか。

それは、サンスティンが、司法の担い手である裁判官でさえ、分極化が避けられないと考えているからである。サンスティンは、次のように述べている。

すなわち、「人間は、たしかに羊ではない。しかし、彼らは、まさしく群れで行動する傾向がある」。「大学教授は、流行に左右されるものと想定されていないが、多くの学問的領域で流行は、一般的である」。「カスケードは、事実に関する判断、あるいは、価値に関する判断にさえ、関わり得る。それらは、無数の市民グループと同様に、議員、政党、宗教団体および司法システムにおいて機能する」。「先行する判決は、後続する裁判所を特定の結果に導くのであるから、法的先例のシステムは、カスケードを生じ得もする――そして、ゆくゆくは、ほとんど、あるいは、すべての裁判所は、自立した判断のためでなく、明白に伝達された他者の判断に従うという判断のために、画一化する」[37]。

サンスティンは、もともと、プロセス法学的思考に批判的であり、また、法律と人間行動との関係に関わる様々なプロジェクトに取り組んでおり、カスケード効果に留意した議論を展開している。そこで述べられる社会心理学的議論そのものは、おそらく、それほど、目新しいものではない。しかしながら、サンスティンの議論の特徴は、そうした社会心理学上の成果を憲法枠組みの議論にまで持ち込むことである。そして、サンスティンは、そうした社会心理学上の成果を前提にして、司法的合議体の人事構成に関する規範を導き出している。そして、それは、サンスティンの憲法枠組みの妥当性を補強するものでもある。

そこで、些か冗長に思われるかもしれないが、ここでは、サンスティンの強調するカスケード効果に関して概観し、そのうえで、サンスティンの司法的合議体の人事構成に関して考察していきたい。

前述のように、先行者の判断や行動が、後続者の判断や行動に影響し、それが連鎖的に拡大する現象のことである。具体的には、人は、自ら十分な情報を持たないとき、先行する他者の情報に頼り（情報カスケード）、あるいは、自らの名声を守るために懐疑的なものであったとしても先行する他者の意見に従い（名声カスケード）、しかも、ときとして、それらが連鎖的に拡大していくのである。このことは、一面において、個人の自律性への問題指摘でもある。そして、これらの効果は軽減することができたとしても、完全に失くすことは難しいし、しかも、これらの効果は、司法の担い手である裁判官をも巻き込むものなのである。

サンスティンは、カスケードに関して、次のように評価している。

すなわち、「カスケードは、それ自体、良いものでも悪いものでもない。ときおり、カスケードは、リスク、道徳、あるいは、法に関する健全な判断に人々を導く。南アフリカにおいて、アパルトヘイトは、ある部分、カスケードのために失敗した。合衆国での公民権運動や……共産主義の崩壊は、同様のダイナミックを示した」。しかし、カスケードで問題となることは、「誤った、あるいは、正当化が不十分な結果について、まさに同じ過程を経て、人々が集まるのがもっともだということである」[38]。

そして、とりわけ、司法との関係で問題となるのは、情報カスケードである。そこで、本章では、情報カスケードに絞って、みていきたい。

サンスティンによると、「情報カスケードにおいて、人々は、ある特定の点で、自分たちの私的な情報、あるいは、意見に依ることを止める。その代わりに、彼らは、他者によって伝えられたシグナルに基づいて、判断する」。そして、「最初の少数の人々の振る舞いは、理論上、無数の追従者による同じ行動を生み出すことになる」。このことは、一定領域の専門家においても、同様なのである。つまり、「何百もの法学教授は、合衆国の大統領によるいくつかの行為が合衆国憲法に違反すると批判しているかもしれない」が、「おそらく、彼らのほとんどは、専門家でなく、そして、おそらく、ほとんど全員が、少数の他者に従っているのである。ノーベル賞受賞者のグループは、政府に何かをするように、あるいは、何かを止めるように求めるかもしれないが、しかし、おそらく、少数の人たちだけが、その問題の専門家なのである」。さらに重要なことは、「もし、観察者が、非常に多くの人々が独立して行動していると考えるなら、カスケードは止まり難くなる」とされることである。(39)

サンスティンは、このことを示すため、次のような事例をあげて説明している。すなわち、「もし、その治療が高い心臓病のリスクを生じるのなら、その治療は実施するべきではない」とする。「自分自身の経験から、医師たちが何をすべきかに関して個人的に情報をもっている。しかし、医師たちは、他の医師の判断に関しても、十分に合理的な注意を払っている」。そして、「アダムス医師が最初に判断したとする」。「アダムス医師は、その治療を指示したとしよう」。「バーバー医師自身の独立した判断ではリスクが高いというものであったとしても、もし、彼女が自分自身の判断と同じぐらいアダムス医師を信頼していたのなら、彼女は、その治療を指示するかどうかに関して賛成も反対もしないだろうし、たんにコインを投げるのかもしれない」。そして、「アダムス医師とバーバー医師が治療を指したとして、しかし、カールトン医師自身の情報は、確定的ではないのだけれども、おそらくリスクが高いと示唆しているとする」。「カールトン医師は自分自身のもつ情報が彼らのものよりも優れていると考えない限り、アダムス医師とバーバー医師とがリスクは低いと考えた状況においては、カールトン医師は、アダムス医師たちの先例にしがたうべきである」。そして、「もし、カールトン医師がそうするのであれば、カールトン医師は、カスケードのなかにいることになる」[40]。

つまり、アダムス以降の医師たちは、個人的に有していた情報に基づく自らの判断を無視して、先行したアダムスの判断という情報に流されているのである。重要なのは、実は、アダムスの判断が誤りだったかもしれないのに、こうした現象が起きてしまうことである。さらに重要なのは、それぞれの医師が自らの情報（アダムスの判断は誤りであるとする情報）を公けにしないことである。つまり、たとえ、最初のいくつかの判断が、些細な理由や偶然の一致のためであったとしても、その判断に反対する情報が隠され続けていたのであれば、誤ったカスケードであったとしても、持続されてしまうのである。

サンスティンは、次のように述べている。

すなわち、「もし、このことが起きているのなら、われわれには、真摯な社会的問題となる。カスケードのなかにいる医師たちは、彼らの後続者や市民へ個人的に有する情報を開示しない」。「もし、実際に開示し集積されたなら、その状況について、正確な計画を得られるだろう」にもかかわらずである。「その問題の理由は、個々の医師が先行して生じた人々の先導に従っていることにある。後続する医師は、カスケードを始めた人々によって、集積的に保有された情報よりも実際に勝る個人的に保有する情報に基づき損ねるかもしれないし、個人的に保有する情報を明らかにし損なうかもしれない」。「もし、後続の医師たちが、自分達の先行者は、より以前に行った人々に、たんに、したがっていただけであることを認識していないのなら、この問題は悪化する」[41]。

もちろん、医師を含めた専門家は、他者の判断を拒否するのに十分な情報を保有しているかもしれない。したがって、同僚のその場合、カスケードの連鎖は断ち切られるかもしれない。したがって、「科学の領域において、同僚のチェック機能は、有益な安全装置を供給する」。ところが、現実には、「専門家や医師の間でさえ、カスケードは一般的」なのである。そして、サンスティンは、「法は、ここでも重要である」と述べている。つまり、サンスティンによれば、「訴訟の恐れは、受身的な医学を生み出す。患者にとって、ほとんど、あるいは、まったくためにならない受身的な——そして、高額な！——医療行為は、ときおり、彼らが不当治療の訴訟を防ぐ必要があるという認識によって、動機づけられる。医師は、医学に関して多くを知るが、しかし、法に関しては、ほとんど知らない。カスケードのような過程は、しばしば、法的保護を提供するためになされなければならないことに関して、誤った情報を拡げる。そして、いったん、いく人かの医師たちが、そのカスケードに連なるなら、それは、拡大しがちなのである」。また、「医師に当てはまることは、法律家、技術者、議員、官僚、裁判官、投資家および研究者たちにも、同様に当てはまる」のである。この現象は、とくに、小さく孤立した、さらに、情愛や友情の絆で結ばれた集団において顕著になる。つまり、「同じ考えを持つ人々の小さなグループが、ある特定のリスクに焦点を当てるようになるとき、あるいは、他のグループを恐れたり憎悪したりするようになるとき、それは、しばしば、カスケードの責任なのである」[42]。

サンスティンのこうした考えが正しいのであれば、専門家であればあるほど、一方で、自身の保有する専門知識と同僚のチェック機能によって、カスケードを断ち切り易い要因があるが、しかし、他方で、専門的であればあるほど、小さな孤立した集団に陥りがちになり、しかも、専門外の事柄にも関わり得るため、カスケードに連なり易い要因を有することになる。たとえば、裁判官は、児童虐待などの問題を扱うが、しかし、それに関して、必ずしも、十分な専門性を有しているとは限らない。あるいは、情報社会やそこで用いられる情報技術に関しても、同様だといえる。そして、それらのことは、裁判官や研究者を含む専門家であっても、(あるいは、専門家だからこそ)必ずしも、自身の保有する専門的情報に基づいた自律的判断をしているわけではない証左であるといえるだろう。

### (2) 先例カスケードと司法判断

こうした情報カスケードは、司法の場でどのような現象を引き起こすのだろうか。

サンスティンは、このことに関して、次のような事例をあげて説明している。すなわち、「テロリズムと戦うための広範で新しい権力を政府に与える法の下での市民的自由に関する困難な事柄について、法律家や市民は対立しているとする。その問題を判断する最初の連邦控訴裁判所は……政府に有利な結論を出したとする。二つ目の連邦控訴裁判所の裁判官は、政府が間違っていると考える傾向があるけれども、他の連邦控訴裁判所の先例は、政府を有利にする基準にかけるのに十分なものであるとする。この結果、二つ目の連邦控訴裁判所は、一つ目の連邦控訴裁判所の判断にしたがうことになる。その二つの先例で共有された見解を拒絶する確信を欠いているとき、三つ目の連邦控訴裁判所は、その政府に対する先例のルールにとても影響され易い。ついには、すべての連邦控訴裁判所がその流れとなれば……早期のいくぶん特異な判断の産物が影響していることを明らかにし損ねる。すべての連邦控訴裁判所が合意しているため、連邦最高裁判所は、その事柄を規律する必要性を見出さないのである[43]」。

つまり、裁判所の判決においても、前述の医師たちのたとえと類似の現象が生じるというのである。サンスティンは、こうした一連の出来事が普通でないわけではないとしている。

すなわち、サンスティンによれば、「とくに、技術的領域において、裁判所は他の裁判所にしたがう傾向をもち、ときおり、誤りを導く。その理由は、他の裁判所と一致しないことを非常に不快に感じるだろうからではない」。「もちろん、先行者のカスケードは、つねに生じるわけではなく、アメリカの法システムでは、控訴裁判所の間で対立が生じる。その一つの理由は、先行する裁判所が間違っていたと結論づけるのに、十分な確信を後続する裁判所がもつからである。しかし、いくつかのカスケードは避け難く発達する。いっそう、悪いことに、それらは、生じてしまった後では見つけ難い」のである[44]。

ここでのサンスティンの問題提起は、「非合理的なものとしての民主政」の問題に関連している。つまり、個々の裁判官の判断の次元での合理性が、結果として、法システム全体、あるいは、社会全体としての非合理性を招いてしまうのである。先ほどのサンスティンの事例のなかで登場する人たちは、少なくとも、個々の次元においては合理的な判断をしている。したがって、問題の所在は、個々の次元における誤った判断なのではない。問題の一つは、先行者に追従する者が、自身の保有する情報や自律した判断を公けにしないことにある。そのため、何百、あるいは、何千もの人々がカスケードに連なるかもしれないし、その現象の観察者は、過剰に印象づけられてしまう。つまり、「しばしば、人々は、カスケードを独立して自立した一連の判断だと誤る」のである。そのことの説明として、サンスティンは、次の事例をあげている。「たとえば、二〇〇一年、何百もの法学の教授は、軍事裁判所がテロリストの疑いのある者を審査することを許容するジョージ・W・ブッシュ大統領の決定に対して、憲法上の根拠に基づいて批判する声明に署名した。まさに署名者の人数は、非常に印象的なものである。しかし、署名者のほとんどが、問題の難解な法的事柄について、ほんの僅かな専門性も欠いているという事実を、われわれが考慮するなら、そうでない」。「それは、実際、情報に裏づけられていないが非常に多くの他者が一致した判断に、たんに追従しただけなのである[45]」。

それでは、サンスティンは、どのようにすればよいと考えているのだろうか。

先ほども述べたように、重要なことは、個々の判断は合理的になされている点である。しかし、たとえ、個々の判断が合理的であっても、あるいは、合理的だからこそ、全体としては不合理な判断が促されているのである。したがって、全体としての合理性を促す仕組みの構築が、求められているのである。

サンスティンによると、「二つの含意は明らかである。司法的合議体は、二つ、あるいは、それ以上の控訴裁判所で共有された見解に重きを与えることに関して、用心深くなるべきである[46]」。つまり、裁判所は、必ずしも、先行した判決の一致が自律した判断の一致の産物でないことに、十分に留意しなければならないのである。

また、サンスティンは、いくつかの実験から、次の「四つの一般的教訓は、明らかである」としている。すなわち、①「人々は、しばしば、自分自身が個人的に保有する情報を無視し、かつ、自分たちの先行者によって与えられた情報にしたがうだろう」。②「人々は、自分たちの先行者が特別に多くの情報を有するかどうかに注意している。そして、より多くの情報を有する人々は、カスケードを打ち破る」。③「おそらく、もっとも興味深いことに、もし、個人の正しい判断ではなく、人々が属するグループの多数派の正しい判断に報酬が与えられるのなら、カスケード効果は、大いに減少する」。④「もし、正しい判断ではなく、ほとんどの人たちによってなされた判断にしたがう判断に報酬が人々に与えられるのなら、カスケード効果とその結果としての失敗とは、非常に増大する」の四つの教訓である。[47]

そして、サンスティンによれば、「それらは、異議の決定的重要性を示唆している。それらは、同調することに人々が報酬を与えられるときに、誤りがもっとも起こり易いことを示している――そして、グループや組織が正しい判断をするよう助けることに人々が報酬を与えられるときに、もっとも起こりにくい」ことを示している。[48]したがって、サンスティンは、これらのことを踏まえた法的アレンジメントを求めるのである。

さて、情報カスケード効果は、判断の結論だけを示すのではなく、その理由づけを示すことで、ある程度、軽減できる可能性がある。とくに、判決では、その判断に至る理由を付記することが求められているのであるから、実際のところ、情報カスケードの影響は、少ないのではないかとも考えられるかもしれない。しかし、サンスティンは、そのことを「過剰に評価されるべきでない」としている。なぜなら、「司法的意見は、短く、かつ、抽象的である――つまり、判断それ自体以上の情報はない」からである。[49]

サンスティンは、情報カスケード効果を軽減させる方法の一つとして、先行者の行為だけでなく、その結果も観察することをあげている。

すなわち、サンスティンによれば、「選択がどのようなものを生むのかを、もし、人々が観るのであれば、悪いカスケードの可能性は、非常に減少させられるはずである」。「一般的に、悪いカスケードは、この方法で減少され得る」。しかしながら、サンスティンは、「不幸なことに、人々が結果を観察するときでさえ、カスケードは生じ得る」。「結果を観る機会は、悪いカスケードに対して、完全な保護を与えない」とする。(50)

そこで、サンスティンは、多くの情報を有する者がカスケードを断ち切り得ることに注目する。そして、前述したように、「人々がグループの正しい判断に報酬を与えられる場合、カスケードは起こる可能性が低くな」り、「そして、同調することに報酬を与えられる場合、カスケードと誤りは、ますます、いっそう、起こる可能性が高くなる」ことを重視する。(51)サンスティンによれば、「原則として、より多くの情報をもつ人々は、カスケードを断ち切り得るはずであり、おそらく、新しく、より良いことを始めるだろう。司法的意見の文脈において、ホームズ連邦最高裁判所裁判官、彼は偉大な反対者として知られるのだが、彼は、まさにそうしたのだった。そして、とくに、言論の自由と司法的抑制の領域において、結局、裁判官たちは、彼の大いなる反対に追従し、そして、彼の見解は、彼の死後に法となった」のである。「より多くの情報をもつ人たちは、他の者のシグナルによって、あまり影響を受けず、そして、彼らは、自分自身で、いっそうの影響を与えもするのである(52)」。

このことを前提とした場合、どのような憲法的アレンジメントが可能なのだろうか。

サンスティンによれば、第一に、言論の自由および自由市場のシステムを機能させることである。なぜなら、多くの情報をもつとみられる者が、実は、それほど情報を有しないこともあるだろうし、そうした場合には、実際には十分な情報を有していない者が、誤って、十分な情報に基づいた判断ができる権威のある者として受け容れられてしまうかもしれないからである。サンスティンは、「当該専門家に懐疑的になるよう人々を促す市民的自由、自由市場、および、よく機能した文化にある。言論の自由および自由市場のシステムにおいては、おそらく、つねに権威の源を暴くことが可能だろう」としている(53)。

第二に、大なり小なり強制力を伴う権威は、多様な見解を促進しなければならないとともに、自身を多様な見解に晒すようにしなければならない。「もし、カスケードが強制的権力をもつリーダーによって始められたのであれば、カスケードが、いっそう、起こり易いだろうことは、容易に理解できる」。「真実を話す人たちは、リーダーの憤激のリスクに曝される。公的および私的制度の自治にとって、このことによるリスクは、リーダーが良く導くために必要とする情報を、リーダーが受け取らないだろうことである。独裁者たちは……残酷さと同様に誤りの傾向に傾く。その理由は、彼らが、ほとんどまったく学ばないからである」。したがって、サンスティンによれば、強制力を伴う権威は、多様な意見に晒されなければならないのである(54)。

そして、第三に、多数決ルールに関して、グループの多数派が正しい判断をしたときに、その構成員が報酬を得る仕組みを構築することが求められる。なぜなら、その仕組みによって、構成員が自分の保有する情報を開示する可能性を高められるからである。グループの構成員が自分自身のもつ情報を開示しないまま、先行者に追従することは、個々の構成員の判断の次元においては合理的なものかもしれないが、グループ全体としては非合理なことかもしれない。なぜなら、グループは、情報カスケード効果を軽減するために、個々の構成員がもつ、より多くの情報を必要としているからである。そのため、憲法的アレンジメントとして、こうした仕組みが必要とされるのである[55]。

したがって、サンスティンによれば、そうした仕組みとして、異議を述べる者を賞賛する必要があるのである。サンスティンは、次のように述べている。すなわち、「裁判所における悪いカスケードのリスクを考えよう。多数派の判断が批判的に検討され、そして、ゆくゆくは、おそらく否定されるだろう可能性を、司法の反対意見が増加させるなら、われわれは、今、司法の反対意見に価値を認めることに、もっともな理由を見出し得る。アメリカ連邦最高裁判所のなかでは、しばしば、反対意見が法になる」。「そのような反対意見は、後世にシグナルを与え、他の方法を生み出す理由の蓄積でもある[56]」。

そして、個々の人たちがグループに情報を開示する動機を増やすシステムが求められる。すなわち、「一つの可能性は、情報を明らかにすることで害されたり、あるいは、罰せられたりしないことを人々に保障することによって、情報を明らかにする意欲を削ぐ事柄を除去することである」。また、「情報が明らかにされるだろう可能性を増やすために、二つ以上のグループが同じ課題に従事することを保障する」ことである[57]。「市民は、公衆に同意するよりも、むしろ、自分たちの知っていることを明らかにすべきである。この種の行動は、若干の羽をかき乱すことになるかもしれない」。「しかし、そのことは、すべての適切な情報を集積することを求めるグループ、あるいは、国の観点からすれば、良いことなのである[58]」。たとえば、本書の第三章で述べたInformation Quality Actは、このことにも関連するものだといえるだろう。

第四に、「適切な情報についての調査に従事するように人々を促す方法を見出す必要がある」。なぜなら、グループの構成員が多くの情報をもっておらず、そのため、調査を必要とする場合、調査をした構成員は、調査費用のすべてを請け負うことになるが、そこから得る利益は、一部に過ぎないからである。したがって、そうした調査を促す仕組みを作る必要があるというのである。[59]

## (3) 裁判官の現実と司法的合議体の人事構成

さて、このようなカスケード効果を踏まえた場合、司法的合議体の人事構成は、どのようにあるべきなのだろうか。

サンスティンは、一般論として、次のような仮説を立てる。すなわち、①「裁判官が共和党の大統領によって指名されたのか、民主党の大統領によって指名されたのか、が重要となる。共和党の大統領によって指名された裁判官は、民主党の大統領によって指名された裁判官よりも保守的判断をする可能性が高い」。②「もし、自分と異なる政党出身の二人の裁判官と同席するのであれば、その裁判官のイデオロギー的傾向は、弱体化される可能性が高い。たとえば、民主党系の裁判官は、もし、二人の共和党系の裁判官に同席するなら、リベラルな傾向に判断する可能性が非常に少ない」。③「もし、自分と同じ政党出身の二人の裁判官と同席するのであれば、裁判官のイデオロギー的傾向は、増強化される可能性が高い。たとえば、共和党系の裁判官は、もし、二人の共和党系の裁判官に同席するなら、典型的な保守的傾向の判断をする可能性がたかいだろう」というものである。[60] そして、サンスティンは、D.C.巡回裁判所に関するいくつ

かのデータで、これらの仮説を証明している。(61)

サンスティンは、「別の研究では、裁判所が法に従うことを保障する場合における潜在的反対者、すなわち、警鐘を鳴らす者の重要性を示している」として、その「研究は、全員が共和党系の裁判官の合議体、つまり、他の政党の裁判官によって抑制されていない合議体が、連邦最高裁判所によって宣言されたものとしての法から乖離するだろう深刻なリスクを示している」と述べている。そして、サンスティンは、全員が民主党系の裁判官のみで構成される司法的合議体でも同じだろうとしている。なお、ここで重要なことは、「観点の多様性が、誤りを是正することに役立つということ」であり、「ある政党、あるいは、他の政党の裁判官が誤りやすいということではない(62)」ことには、注意しなくてはならない。

さて、集団の分極化によって増強効果が生じるということは、司法的合議体における熟議の深みの程度が、その合議体の人事構成が特定のイデオロギー的傾向の裁判官に統一されてしまうかどうか次第であるということを意味している。(63)つまり、異議を述べる者の警鐘効果が、熟議の深さにとって重要となるわけである。

では、増強効果が集団の分極化のためであるとするならば、弱体効果は、どのようにして生じるのだろうか。

サンスティンは、次の三つの要因をあげている。第一に、情報カスケードのためである。第二に、もし、結論を変えられないのであれば、異議を述べることはやっかいな負担であり、かつ、時間の浪費となるからである。第三に、異議を述べることが、長きに渡って一緒に仕事をするであろう同僚との間に緊張を生じるかもしれないからである。いずれにしても、「説得させられるかどうかに関わらず、裁判官は、公然に自分たちの同僚の見解を受け入れる」のである。そして、「注目すべき事柄は、法における専門家、彼らは思慮深い経験と信用を伴う者であるのだが、彼らは、イデオロギー的に対立する領域においてでさえ、強力な一致効果に服するのである[64]」。

しかしながら、サンスティンによれば、こうした増強効果や弱体効果には、興味深い二つの例外がある。すなわち、妊娠中絶の自由の問題と死刑の問題である。それは、なぜなのだろうか。

サンスティンは、次のように理解している。すなわち、「われわれは、妊娠中絶と死刑の領域において、コミットメントが非常に深く働いていると推測できるだろう。生と死とが、文字通りに問題となっている。この理由のために、合議体の他の構成員の見解は、自身の司法的判断にとって重要でないのである[65]」。

さて、こうした裁判官の増強効果と弱体効果とを前提とするなら、司法的合議体の人事構成には、どのようなアレンジメントが求められるべきなのだろうか。

サンスティンは、警鐘効果には、強い警鐘効果と弱い警鐘効果とがあるとしている。前者は、法が明確に特定の見解を支持していたり、見解の異なる裁判官が他の見解をもつ裁判官を説得したりする場合の効果である。それに対して、後者は、合議体が一定のイデオロギーで統一されていない場合、つまり、異議を述べる者が潜在する場合の効果である。サンスティンは、とくに弱い警鐘効果の重要性を指摘する[66]。つまり、裁判所の判決は、「異なる偏向を持つ裁判官によって支持されるなら、いっそう、正しいものになり易く、かつ、侮蔑的意味での政治的なものになり難いだろう」とするのである[67]。

そして、サンスティンは、「民主党、または、共和党の大統領によって指名された者が正しいかどうか、あらかじめ明らかでないと想定」するなら、「われわれは、両者のいる法的システムを望むべきである」と主張する。なぜなら、「もし、心から裁判官が、やるべきことに関して確信できないなら、われわれは、その謙虚な効果の美徳だけであったとしても、見解の混在を好むべき理由にもつ。確信できない事柄に直面した際、賢明な人々は、極端（poles）の間を選ぶ」からである[68]。

つまり、裁判官が取り上げた問題に確信をもたない場合、その司法的合議体の結論は、当該合議体の構成によって大きく変化してしまう。したがって、裁判官の政治的所属関係だけのために同じ状況にある人たちの扱いが異なることになってしまうのである。つまり、「結果として、法は現実的一貫性を持ち難いだろう」し、そのため、「不公正さは、避け得ない結果となるのである[69]」。

したがって、サンスティンは、次の提言を行う。

すなわち、「原則として、三人の裁判官の合議体においてでさえ、控訴裁判所における観点の混在を保障する試みには、もっともな理由がある。もし、そうした合議体が、いっそうの多様な見解の混在を保障しようとすることだけのためであれば、原則として、五人の裁判官の合議体は、三人の合議体よりも良いと思われるだろう。しかし、納税者がそうした合議体をもつには、非常に費用がかかるため、五人の裁判官の合議体へ志向する動きは、ありそうにない。三人の裁判官の合議体によって何がなされ得るのだろうか。現状において、特定の合議体における割り当ては、様々な控訴裁判所において偶然になされている。可能な範囲で首席裁判官は、すべての合議体が、一般に異なる政党出身の裁判官をもち、かつ、ほとんどの合議体が，すべて共和党系の裁判官であったり，あるいは，すべて民主党系の裁判官であったりしないように保障するように努めるべきなのである[70]」。

サンスティンによれば，こうした提言に対する批判は，「司法を『政治化する』だろうことである。しかし，証左は，すでに司法が政治化してしまっていることを例証している」。「問題は，いっそう，党派的に自己規定することの危険が，全員が共和党系の裁判官の合議体，あるいは，全員が民主党系の裁判官の合議体が不当に極端になるだろう危険に勝るかどうかなのである[71]」。サンスティンによれば，裁判官が政策形成者でないという広い信念は神話であり，裁判官は，重要問題に関する政策形成者なのである[72]。

ところで，司法的合議体に多様性を求めるにしても，その多様性とは，どのようなものなのだろうか。いわゆる「寛容の逆説」に関わる問題だが，この点に関してサンスティンは，前述したように「合理的多様性」に限定するとしている。サンスティンは，次のように述べている。すなわち，「この文脈で合理的多様性が含意するものが何かに関して，人々は一致し得ない。ここで私が示唆していることのすべては，合理的多様性が存在するということ，および，裁判官が，他の人たちと同様に，合理的多様性に晒されるように保障することが重要だということ」なのである[73]。

さらに，サンスティンは，社会的影響を受ける裁判官という像を，いわゆる「死者の支配」の問題に当てはめる。サンスティンによれば，これらからの「示唆を，連邦最高裁判所が強固な国民的コンセンサスから，ほとんどかけ離れ得ないだろうことを意味するものと理解するなら，その示唆は，大いに有意義なものになる。実際，連邦最高裁判所のもっとも賞賛された判決の多くは，たとえ，それらが立法を無効とするものとしても、現代の政治的多数派の見解を反映していたのである」。たとえば、グリスワルド判決[74]などである。

しかしながら、サンスティンによれば、妊娠中絶の自由を認めたロー判決[75]に関しては、「この枠組みに当てはまり難い。多くのアメリカ人は、妊娠中絶の権利を否定する」。しかし、サンスティンは、「連邦最高裁判所は、国家の市民の大半の見解に明らかに違反した道徳的判断を課していたわけではない」とする。そして、サンスティンは、「連邦最高裁判所のもっとも積極的な判決の多くが、人々が考えるだろうことよりも遥かに反多数決主義的ではないという事実」を強調する。なお、刑事被告人の権利、学校での祈りなどに関する判例は、米国人の政治的判断に反するものであったが、しかし、サンスティンは、それらをあくまで例外的なものであるとしている[76]。

サンスティンは、次のように述べている。

すなわち、もちろん、「裁判官は、多数派を喜ばすために憲法を解釈するのではない。しかし、憲法には欠陥や曖昧さがあり、広範な社会的確信というものは、社会の中で暮らす人に影響し易いだろう。裁判官は、社会のなかで暮らしているのである[77]」。

# 4　情報社会における司法のあり方

## (1) 情報社会と司法ミニマリズム

さて、こうしたサンスティンの米国の司法に関する分析は、現代の情報社会における日本の司法に、どのような示唆を与えるのだろうか。

一九九〇年代末から進められた司法制度改革では、国民の正義への「ユビキタス」と「アクセス」が強調された。つまり、それらは、「正義への道は国民にあまねく開かれている」ことを意味し、「『一部の人にしか開かれていない正義は、およそ正義ではない』(Justice for some is no Justice at all) という思想によるもの」とされる。また、日本の有力な学説によれば、「政治部門は、国民の選挙という強い民主的正当性を得て、それを背景に国家・国民が直面する諸課題に積極的に取り組み、最終的には法律の制定を通じてその実現を図るべき場所」であり、「この公共的討論の場では、究極的にものをいうのは数の論理」であるのに対し、「司法（裁判）という公共的討論の場でものをいうのは法原理」とされる。したがって、司法改革は、「①すべての国民を対象とし……かつ、②国民の自助、自律的解決 (self-help) を実効的に支援することを目的として……それを可能とする制度的・人的基盤を整備することであると解される[78]」。

しかしながら、国民の正義の「ユビキタス」と「アクセス」とは、事実としては、微妙な緊張関係に立つものかもしれないように思われる。

なぜなら、たしかに、もし、国民の間に正義の「ユビキタス」なるものが存在するのであれば、国民の正義への「アクセス」とは矛盾しない。また、仮に、「ユビキタス」が十分に存在しない場合であったとしても、「アクセス」を保障することで国民の間の正義の「ユビキタス」を促すことも可能なときがあるのかもしれない。

しかし、国民の正義への「アクセス」を保障することで、実のところ、国民の間に正義の「ユビキタス」が存在しない、あるいは、存在し得ないことが明らかになるかもしれないだろう。なぜなら、自由主義の帰結として一定の多文化社会が生成されるなら、事実として根強い道徳的不一致、あるいは、イデオロギー的対立が生じるかもしれないからである。もし、そうした対立が事実として生じている、あるいは、生じるかもしれないのであれば、国民の正義への「アクセス」は、その対立を顕在化させ、そうした対立状態にある国民同士にあっては、そこに正義はなく、お互いに分かり合えないことを分かり合うだけなのかもしれないだろう。そのことは、多文化社会において動揺する国家を、さらに動揺させるだけかもしれないように思われる。

日本の場合、事実として米国ほどの多文化社会ではないと考えられるかもしれない。したがって、日本における道徳的不一致やイデオロギー的対立の問題を米国で議論されているように考えることは、過剰評価であるという考え方もあり得るかもしれない。しかし、それは、おそらく、誤りだと思われる。もし、道徳的不一致やイデオロギー的対立の問題を過剰に評価すべきではないと感じられるとしたならば、それは、米国に比べて、日本で用いられる「抑圧支配のマスク」が、より「巧妙な」マスクだということではないだろうか。現実の日本は、（一見すると存在しないのかと勘違いされてしまうほどのマイノリティをはじめ）様々な立場の人たちが共存する多文化社会なのである。

また、現代の情報社会は、情報の共有化やそれに伴う生活様式などの標準化などによって、人々の相互理解が促されるかもしれないが、逆に、カスケード効果によって、誤った理解、つまり、偏見や誤解、さらには、相互不信が促されることになるかもしれないように思われる。そして、現実の社会をみる限り、後者の現象の方が強く現れてきているのではないだろうか。

そして、自由主義の帰結として多文化社会が生成され、道徳的不一致やイデオロギー的対立が生じ、また、現代の情報社会におけるカスケード効果によって、誤った理解、つまり、偏見や誤解、さらには、相互不信が促されているとするならば、なおのこと、現実的な司法のあり方として、サンスティンの「司法ミニマリズム」と「不完全に理論化された合意」の考え方は、有用なものになると思われる。なぜなら、それらによって、裁判所は、道徳的不一致やイデオロギー的対立から生じる政治的責任を回避し、司法の独立性を保ちながらも、提起された訴訟の解決を通じて、権利保障、あるいは、一定の憲法保障に寄与することができるからである。

たとえば、第2章で触れた「公益」の評価に関しては、裁判所は、可能な限り、道徳的不一致やイデオロギー的対立に踏み込まずに、問題となっているプラクティスの判断に留める「不完全に理論化された合意」に基づいて、司法審査を行うべきだと思われる。

また、第3章で検討してきた行政によるデータ・マイニングの活用に関していえば、安全保障に対する脅威の程度と、それに取り組む政府の施策の有効性の程度の評価において、裁判所には、前者よりも後者を重視した判断が求められるように思われる。（憲法学も含めて）学術的には、前者に関する考察は重要な意味をもつものと考えられるけれども、それは、根深い道徳的不一致やイデオロギー的対立に関わらざるを得ないかもしれないだろう。しかし、後者に関していえば、それらに捉われずに、ある程度、判断することができるように思われるからである。また、制限される権利や自由の価値、すなわち、コストに関しても、裁判所には、適正手続の保障など、比較的、社会全体のコミットメントのある価値に基づいて判断することが求められるように思われる。

現代の情報社会では、（第3章のデータ・マイニングをはじめとして）日進月歩で新しい情報技術が次々と生まれ、それらのなかには、「公益」の促進にとって、非常に魅力的なものも含まれているだろう。それだけに、情報プライバシーの権利をはじめとする市民の権利や自由は、そこでいう「公益」と、しばしば、緊張関係に立つことになるものと思われる。しかし、そこでいう「公益」とは何かを問い始めると、場合によって、根深い道徳的不一致やイデオロギー対立に巻き込まれてしまうように思われる。そして、一九九〇年末から行われた司法改革では、少なくとも、理念としては市民に開かれた司法を目指しているものと考えられるが、そこでいう「市民に開かれた司法」の内容次第では、いっそう、司法は、根深い道徳的不一致やイデオロギー対立に巻き込まれるリスクをもつものだといえるだろう。しかも、現代の情報社会におけるカスケード効果によって、誤った理解、つまり、偏見や誤解、さらには、相互不信が促されるリスクも考えられる。

そうであるとするならば、サンスティンの司法ミニマリズムと「不完全に理論化された合意」の考え方は、現在の日本の社会における現実的な司法のあり方として、まさに求められているものだといえるのではないだろうか。

もちろん、憲法学も含めて学術的には、根深い道徳的不一致やイデオロギー対立にかかわる諸問題に取り組むことは、非常に意味のあることだと思われる。しかし、現代の情報社会における情報技術の発展に伴い、次々と新しい問題を扱わなくてはならない裁判所としては、可能な限り、司法ミニマリズムの立場から「不完全に理論化された合意」に留めて、漸増的に司法審査を進めるべきだと思われる。

## (2) 憲法学説からの乖離と司法的合議体の人事構成

しかしながら、たとえ、そのように考えたとしても、現実社会の諸課題の解決が求められる限り、裁判所の判断は、少なからず、そうした道徳的不一致やイデオロギー的対立にかかわらざるを得ない場合も多いだろう。そして、そうした道徳的不一致やイデオロギー的対立に応じるのであれば、司法は、道徳的・イデオロギー的に極端に流れるものであってはならないはずであり、また、司法に一定の政治性が見られるのであれば、その司法的合議体の人事構成に関する規範も、そうしたことを前提に導き出されなければならないはずである。

また、前述のように日進月歩の情報技術の発展を踏まえれば、現代の情報社会では、様々な物事が次々と新しくなっていく。そして、誰もが、それらの新しい物事への対応に確信をもっているというわけではない。したがって、情報カスケードは、現代の情報社会において、ますます、影響力をもってくるものと思われる。裁判官も、そうした現代の情報社会で暮らしているのであり、当然のことながら、情報カスケードの影響を避けることはできないだろう。

それらのことを踏まえれば、裁判官の党派性を意識したサンスティンの司法的合議体の人事構成に関する提案は、やはり、有用なものだと思われる。

一見すると、日本の司法は、米国のように党派性はないものと考えられるかもしれない。しかし、それは、おそらく過度に一極化しているためではないだろうか。

もし、そうでないのであれば、多くの憲法問題の領域において、憲法学説の多様性が裁判例に反映されず、そして、それ以上に多くの憲法問題の領域において、憲法学説で通説とされる見解が裁判例に反映されていない現状は、あまりに奇跡的な現象だといえるだろう。しかし、実際は、そうした奇跡が起きているわけではなく、過度に一極化された党派性のためであると考える方が、合理的な理解の仕方であるといえるだろう[79]。

そして、現代の情報社会において次々と生じてくる新しい問題に取り組むためには、裁判所の判断にも、つねに変化が望まれるように思われる。しかし、過度に一極化した合議体では、そうした変化に十分に対応できないのではないだろうか。

また、前述のように、サンスティンによれば、一つのイデオロギー的傾向をもつ裁判官のみによって構成された司法的合議体では、連邦最高裁判所の意見と異なる判断を下すリスクさえ生じるとされている。

そのことは、司法のインテグリティからすれば重要な問題だと思われる。日本では、下級審は最高裁の判例に忠実であり、一見すると司法のインテグリティが確保されていると見えるかもしれない。しかし、それは、最高裁判所も含めた実質的な一極化のためであって、その場合には、最高裁判所そのものの判断が、本来の憲法理念から乖離する可能性が高まると推論することができるのではないだろうか。その具体的な形は、先ほども述べたように、憲法学説からの乖離として現れているものと考えられる。

そうだとすれば、サンスティンの議論は米国だけでなく、（むしろ、米国よりも）日本において必要とされているものと思われる。

## おわりに

本章では、現代の情報社会における司法のあり方に関して検討してきた。

ここでは、自由主義の帰結として多文化社会が生成され、道徳的不一致やイデオロギー対立が生じ、しかも、現代の情報社会における情報カスケード効果によって、偏見、誤り、そして、相互不信が促されるとすれば、現代の情報社会では、司法のあり方として、司法ミニマリズムが適切であり、また、裁判所は、可能な限り、道徳的不一致やイデオロギー対立に踏み込まずに、「不完全に理論化された合意」に留まるべきだとした。また、現代の情報社会では、新しい情報技術が次々に生まれ、それらには、「公益」の促進にとって、非常に魅力的なものも含まれているかもしれない。そのため、情報プライバシーの権利をはじめとする市民の権利や自由は、そうした「公益」と、しばしば、緊張関係に立つものと考えられる。しかし、その際にも、裁判所は、可能な限り、根深い道徳的不一致やイデオロギー対立に巻き込まれないようにすべきだとした。

つまり、憲法学も含めて学術的には、そうした道徳的不一致やイデオロギー的対立にかかわる問題に取り組むことは意味のあることだと思われるが、しかしながら、現代の情報社会における情報技術の発展に伴い、次々と新しい問題を扱わなくてはならない裁判所は、可能な限り、司法ミニマリズムの立場から「不完全に理論化された合意」に留めて、漸増的に司法審査を進めるべきだと思われるのである。

もちろん、現実社会の諸課題の解決が求められる限り、裁判所の判断は、しばしば、そうした道徳的不一致やイデオロギー的対立にかかわらざるを得ないだろう。

そうであるならば、司法は、道徳的・イデオロギー的に極端に流れるものであってはならないはずであり、司法的合議体の人事構成も、そのことを踏まえたものでなくてはならない。また、現代の情報社会では、様々なものが次々と新しくなっていき、そして、誰もが、それらの新しい物事への対応に確信をもっているというわけではない。そのため、情報カスケードは、現代の情報社会において、ますます、影響力をもってくるものと思われ、裁判官においても、そうした情報カスケードの影響を避けることはできないだろうとした。また、本章では、日本の司法は米国のように党派性はないものと考えられるかもしれないが、しかし、それは、過度に一極化しているためであるとした。そして、現代の情報社会では、裁判所の判断にも、つねに変化が望まれることから、過度に一極化した司法的合議体では、そうした変化に十分に対応できないとした。

したがって、サンスティンの司法的合議体に関する議論は、日本においても必要とされているものだとした。

もちろん、筆者の主張は、一九九〇年末からの司法改革の考え方である、国民の正義の「ユビキタス」と「アクセス」とを否定すべきだというものではない。多くの場合、おそらく、国民の正義の「ユビキタス」と「アクセス」とは調和的・協働的であり、あくまで緊張関係が生じるのは例外的な場合だと考えられる。当然のことではあるが、仮想の例外的事例を過度に強調して、原則と例外とを入れ替えるべきではない。したがって、ここで主張したいことは、自由主義の帰結として多文化社会が生成され、そして、現代の情報社会を踏まえたならば、司法や裁判官に関して従来の捉え方だけでは不十分だということだけである。

しかしながら、その不十分性は、調和的・協働的な国民の正義の「ユビキタス」と「アクセス」とを導き出す従来の「法の支配」の原理の見直しを促すものだと思われる。

つまり、今日、自由主義の帰結としての多文化社会における根強い道徳的不一致やイデオロギー的対立、そして、そこに現代の情報社会に伴う偏見や誤解、相互不信の現象が加わったとき、「法の支配」の原理は、どこまでそれらに対応することができるのだろうか、また、それらに対応するためには、司法のあり方や司法的合議体の人事構成に関して、どのような規範が求められるのだろうか、が問われているものと思われるのである。そして、その問いの回答の可能性の一つとして、サンスティンの司法のあり方に関する考え方を評価することができるものと考えているのである。

もちろん、サンスティンの議論は、司法の政治性を促すものだと批判されるかもしれない。しかし、米国においても、日本においても、そもそも、司法は政治的なものと考えるべきだろう。そして、現実社会において、「法の支配」の原理を貫徹するには、あるいは、司法の「法原理部門」としての役割を維持するには、（些か逆説的かもしれないが）司法の政治性を見据えなければならないものと思われる。

＊

# 補論　性別の変更の審判を受けるにあたっての生殖腺除去手術に関する司法判断

## 1　性同一性障害者の性別の取扱いの特例に関する法律三条一項四号の規定

性同一性障害者の性別の取扱いの特例に関する法律三条一項四号の規定（以下、本件規定）は、性同一性障害者の性別の取扱いの変更の審判を受ける要件の一つとして、「生殖腺がないこと又は生殖腺の機能を永続的に欠く状態にあること」をあげている。そのため、性同一性障害者の性別の取扱いの変更の審判を受けるためには、一般的には生殖腺の除去手術を受けることになる。

この規定の合憲性が争われた事例として、最高裁第二小法廷平成三一年一月二三日決定[80]（以下、本件最高裁決定）がある。この補論では、司法のあり方に関連して、この事例を検討したい。

さて、後述の本件最高裁決定の鬼丸かおる裁判官と三浦守裁判官の補足意見にあるように、「世界保健機関等がこれを要件とすることに反対する旨の声明を発し、二〇一七年（平成二九年）、欧州人権裁判所がこれを要件とすることが欧州人権条約に違反する旨の判決をするなどし、現在は、その要件を不要とする国も増えている」。

本件は、そうした状況の下で、生殖腺除去手術を受けていない本件抗告人（一審申立人）が性別の取扱いの審判を求めた事案である。

一審[81]は申立てを却下したため、即時抗告されたが、二審[82]も抗告を棄却した。そして、本件最高裁も抗告を棄却した。

## 2　最高裁第二小法廷平成三一年一月二三日決定の要旨

まず、本件最高裁は、本件規定が生殖腺除去「手術を受けること自体を強制するものではないが、性同一性障害者によっては、上記手術まで望まないのに当該審判を受けるためやむなく上記手術を受けることもあり得るところであって、その意思に反して身体への侵襲を受けない自由を制約する面もあることは否定できない」としている。しかし、「もっとも、本件規定は、当該審判を受けた者について変更前の性別の生殖機能により子が生まれることがあれば、親子関係等に関わる問題が生じ、社会に混乱を生じさせかねないことや、長きにわたって生物学的な性別に基づき男女の区別がされてきた中で急激な形での変化を避ける等の配慮に基づくものと解される」として、「これらの配慮の必要性、方法の相当性等は、性自認に従った性別の取扱いや家族制度の理解に関する社会的状況の変化等に応じて変わり得るものであり、このような規定の憲法適合性については不断の検討を要するものというべきであるが、本件規定の目的、上記の制約の態様、現在の社会的状況等を総合的に較量すると、本件規定は、現時点では、憲法一三条、一四条一項に違反するものとはいえない」とした。

以上のことから、本件最高裁決定は、本件抗告を棄却した。

なお、本件最高裁決定には鬼丸かおる裁判官と三浦守裁判官の補足意見が付けられている。

すなわち、補足意見は、まず、「性同一性障害者にとって、特例法により性別の取扱いの変更の審判を受けられることは、切実ともいうべき重要な法的利益である」とし、「本件規定により、一般的には当該手術を受けていなければ、上記のような重要な法的利益を受けることができず、社会的な不利益の解消も図られないことになる」とした。そして、「性別適合手術による卵巣又は精巣の摘出は、それ自体身体への強度の侵襲である上、外科手術一般に共通することとして生命ないし身体に対する危険を伴うとともに、生殖機能の喪失という重大かつ不可逆的な結果をもたらす」ものであり、「このような手術を受けるか否かは、本来、その者の自由な意思に委ねられるものであり、この自由は、その意思に反して身体への侵襲を受けない自由として、憲法一三条により保障されるものと解される」とした。したがって、「本件規定は、この自由を制約する面があるというべきである」とした。

そのうえで、「このような自由の制約が、本件規定の目的、当該自由の内容・性質、その制約の態様・程度等を総合的に較量して、必要かつ合理的なものとして是認されるか否かについて検討する」として、まず、「本件規定の目的については、法廷意見が述べるとおり、性別の取扱いの変更の審判を受けた者について変更前の性別の生殖機能により子が生まれることがあれば、親子関係等に関わる問題が生じ、社会に混乱を生じさせかねないことや、長きにわたって生物学的な性別に基づき男女の区別がされてきた中で急激な形での変化を避ける等の配慮に基づくものと解される」としながらも、「しかし、性同一性障害者は……生物学的には性別が明らかであるにもかかわらず、心理的にはそれとは別の性別であるとの持続的な確信を持ち、自己を身体的及び社会的に他の性別に適合させようとする意思を有する者であるから、性別の取扱いが変更された後に変更前の性別の生殖機能により懐妊・出産という事態が生ずることは、それ自体極めてまれなことと考えられ、それにより生ずる混乱といっても相当程度限られたものということができる」とした。「また、上記のような配慮の必要性等は、社会的状況の変化等に応じて変わり得るものである」るとし、「特例法の施行から一四年余を経て、これまで七〇〇〇人を超える者が性別の取扱いの変更を認められ、さらに、近年は、学校や企業を始め社会の様々な分野において、性同一性障害者がその性自認に従った取扱いを受けることができるようにする取組が進められており、国民の意識や社会の受け止め方にも、相応の変化が生じているものと推察される」とした。そして、「以上の社会的状況等を踏まえ、前記のような本件規定の目的、当該自由の内容・性質、その制約の態様・程度等の諸事情を総合的に較量すると、本件規定は、現時点では、憲法一三条に違反するとまではいえないものの、その疑いが生じていることは否定できない」とした。さらに、「世界的に見ても、性同一性障害者の法的な性別の取扱いの変更については、特例法の制定当時は、いわゆる生殖能力喪失を要件とする国が数多く見られたが、二〇一四年（平成二六年）、世界保健機関等がこれを要件とすることに反対する旨の声明を発し、二〇一七年（平成二九年）、欧州人権裁判所がこれを要件とすることが欧州人権条約に違反する旨の判決をするなどし、現在は、その要件を不要とする国も増えている」とした。

そのうえで、本件補足意見は、「性同一性障害者の性別に関する苦痛は、性自認の多様性を包容すべき社会の側の問題でもある。その意味で、本件規定に関する問題を含め、性同一性障害者を取り巻く様々な問題について、更に広く理解が深まるとともに、一人ひとりの人格と個性の尊重という観点から各所において適切な対応がされることを望むものである」とした。

## 3 検討

本件事案について、一審、二審は、本件規定を立法裁量の範囲内として合憲判断を下している。また、本件最高裁決定では、必ずしも、その旨を明示的に示したわけではないが、基本的には同旨の構成を採っている。しかも、多数意見は、「現時点では、憲法一三条、一四条一項に違反するものとはいえない」として、将来に含みをもたせながらも、実質的には人権論としての検討らしい検討をしていないことが特徴だといえる。

また、本件最高裁決定の多数意見は、本件最高裁決定の結論について、「このように解すべきことは、当裁判所の判例（最高裁昭和二八年（オ）第三八九号同三〇年七月二〇日大法廷判決・民集九巻九号一一二二頁[83]、最高裁昭和三七年（オ）第一四七二号同三九年五月二七日大法廷判決・民集一八巻四号六七六頁[84]、最高裁昭和四〇年（あ）第一一八七号同四四年一二月二四日大法廷判決・刑集二三巻一二号一六二五頁[85]）の趣旨に徴して明らかというべきである」としている。しかし、これらの判決は、憲法一三条や憲法一四条に関するものではあるものの、本件のような生殖腺や身体への強度の侵襲に関わる事案の先例として適切なものかについては、疑念を持たざるを得ない。

一方で、鬼丸かおる裁判官と三浦守裁判官の補足意見は、一見すると本件事案を人権論として検討しているようにも見える。

しかし、その内容を精査すると、疑問もある。

まず、（本件抗告人の主張に理解を示す意図だと推察できるものの）一般論として、「性同一性障害者は……生物学的には性別が明らかであるにもかかわらず、心理的にはそれとは別の性別であるとの持続的な確信を持ち、自己を身体的及び社会的に他の性別に適合させようとする意思を有する者であるから、性別の取扱いが変更された後に変更前の性別の生殖機能により懐妊・出産という事態が生ずることは、それ自体極めてまれなこと」と述べることは、はたして妥当なものだろうか。セクシュアリティは多様なものであり、最高裁裁判官たちがこのように述べることは、ここでいう「極めてまれなこと」にあたる人たちの立場を暗に否定することになりかねないだろう。

むしろ、人権論としては、万が一にも本件最高裁決定（補足意見も含む）が想定する「混乱」[86]などを避ける目的や趣旨が妥当なものだとしたとしても、事実婚なども多い現代社会[87]において本件規定は、その手段としての合理的関連性さえ欠いていることを問題とすべきだったのではないだろうか[88]。

しかも、鬼丸かおる裁判官と三浦守裁判官の補足意見が結論として多数意見に同調し、「性同一性障害者の性別に関する苦痛は、性自認の多様性を包容すべき社会の側の問題」として「各所において適切な対応がされることを望むものである」と纏めることについては、やはり疑問を抱かざるを得ないところである[89]。

## 4　司法ミニマリズムの観点から

さて、本件最高裁決定は、（最高）裁判所の違憲審査権の行使のあり方（とその限界）の問題として考察することもできると思われる。

とくに、鬼丸かおる裁判官と三浦守裁判官は、（その内容の是非はともかく）ある程度、踏み込んだ考察を行ったにもかかわらず、結論として違憲判断を下さなかった。仮に、このような最高裁判所の姿勢が是認されるのであれば、そもそも、裁判所が違憲審査権を有する意味、あるいは、司法権の意義が問われることになるのではないだろうか。

本書の立場である司法ミニマリズムは、社会に根深い道徳的不一致やイデオロギー的対立がある場合に、それらに関わることに慎重な姿勢を保つことになる。しかしながら、もちろん、十分ではないものの、以前と比べれば、性的マイノリティに関する理解も進んできた現代社会において、性別の変更にあたって、「生殖腺がないこと又は生殖腺の機能を永続的に欠く状態にあること」を要件とすることに関して、根深い道徳的不一致やイデオロギー的対立があるものとは思われない。そうであるならば、司法ミニマリズムの立場からも、本件規定について違憲判断をすることに関して、何ら憚られるものはないはずである。

むしろ、「本件規定は、現時点では、憲法一三条、一四条一項に違反するものとはいえない」とした法廷意見や、「本件規定に関する問題を含め、性同一性障害者を取り巻く様々な問題について、更に広く理解が深まるとともに、一人ひとりの人格と個性の尊重という観点から各所において適切な対応がされることを望む」と述べるに留めた補足意見は、時代の変化に対応できない日本の司法のあり方を示しているように思われる。

また、本件決定に反対意見が一つたりとも付されなかったことは、司法的合議体の人事構成における過度な一極化を現わしているものといえるのではないだろうか。

そのように考えた場合、本件決定は、現在の日本の司法のあり方の問題を如実に示すものだといえるだろう。そして、そのことは、本書で述べた司法ミニマリズムと司法的合議体の人事構成の考え方が求められていることを示しているといえるのではないだろうか。

## 【注】

（1）山元一「『コオルとしての司法』をめぐる一考察」藤田宙靖・高橋和之編『憲法論集（樋口陽一先生古希記念）』創文社（二〇〇四年）二五一頁。

（2）森脇敦史「キャス・サンスティン」駒村圭吾・山本龍彦・大林啓吾編『アメリカ憲法の群像―理論化編』尚学社（二〇一〇年）二五五頁。

（3）Frank Cunningham, Theories Of Democracy : A Critical Introduction, Routledge, at 15 (2002). 邦訳書として、中谷義和、松井暁訳『民主政の諸理論――政治哲学的考察――』御茶の水書房（二〇〇四年）参照。なお、本稿では、特段の事情がない限り、本邦訳書の訳に従う。

（4）*Id.* at 15-16.

（5）*Id.* at 16-17.

（6）*Id.* at 17-18.

（7）*Id.* at 19-20.

（8）*Id.* at 18-19.

（9）*Id.* at 20-21.

（10）*Id.* at 22-23.

（11）*Id.* at 45.

（12）*Id.* at 54.

（13）*Id.* at 53.

（14）佐藤幸治「『法の支配』と正義へのアクセス」判例タイムズ一一四三号六六頁（二〇〇四年）。

（15）*See*, Michael Sandel, Democracy's Discontent : America In Search Of A Public Philosophy, Harvard University Press (1996).

(16) *See*, Philip Pettit, Republicanism : A Theory Of Freedom And Government, Oxford University Press (1997).

(17) *See*, Bruce Ackerman, We The People VOL.1: Foundations, Harvard University Press (1991), and, We The People VOL.2: Transformations, Harvard University Press (1998).

(18) *See*, Cass R. Sunstein, Designing Democracy: What Constitutions Do, Oxford University Press (2001). なお、この著書の概要に関しては、孝忠延夫、小林直三、他「〔紹介〕カス・R・サンスティン『民主主義の設計――憲法は何をなすのか』(二〇〇一年)」(一)(二・完) 関西大学法学論集五二巻三号四七一頁 (二〇〇二年)、同六号四六〇頁 (二〇〇三年) も参照のこと。

(19) *See*, Bruce Ackerman, Social Justice And The Liberal State, Yale University Press (1980).

(20) *See*, Sunstein, *supra* note 18.

(21) Cass R. Sunstein, Why Societies Need Dissent, Harvard University Press, at 195 (2003).

(22) *See*, Emilios A. Christodoulidis, Law And Reflexive Politics, Kluwer Academic Pub (1998). なお、同書の翻訳書として、角田猛之、石前禎幸編訳『共和主義法理論の陥穽――システム理論左派からの応答――』晃洋書房 (二〇〇二年) を参照。

(23) サンスティンの憲法枠組みの具体的構想を示す著書として、*See*, Sunstein, *supra* note 17. 本章のここでの記述は、基本的に、その著書に基づいている。

(24) 孝忠延夫・小林直三「一・紹介するにあたって」孝忠延夫・小林直三、他「〔紹介〕カス・R・サンスティン『民主主義の設計――憲法は何をなすのか』(二〇〇一年)」(一) 関西大学法学論集五二巻三号四七四頁 (二〇〇二年)。

(25) 長谷川晃「多文化時代と法秩序について」日本法哲学会編『多文化社会と法秩序』有斐閣、一―一二頁 (一九九七年)。

(26) 前掲注24・孝忠、小林、四七五頁。
(27) サンスティンの司法ミニマリズムに関しては、さしあたり、拙稿「自己決定と裁判所の役割――妊娠中絶の自由からの予備的考察」関西大学大学院法学ジャーナル第七四号、二八一頁(二〇〇三年)、金澤孝「Cass R. Sunsteinの司法ミニマリズムに関する一考察(一)(二)(三)(四・完)」早稲田大学大学院法研論集一〇九号三一八頁、同論集一一〇号四〇四頁、同論集一一一号五〇二頁(二〇〇三年)、同論集一一二号二九頁(二〇〇四年)を参照のこと。
(28) なお、このことは、司法が法原理部門として政治性を有しないことを意味しているわけではない。サンスティンは、司法の政治性を正面から認めている。むしろ、司法の政治性を認め、その役割を政治的枠組みで位置づけるからこそ、司法の役割が、二次的であるべきとされるのである。
(29) 拙稿「三 結びにかえて」孝忠延夫・小林直三ほか「〔紹介〕カス・R・サンスティン『民主主義の設計――憲法は何をなすのか』(二〇〇一年)」(二・完)関西大学法学論集五二巻六号四八五頁(二〇〇三年)。
(30) いわゆる「死者の支配」の問題に関しては、多くの論者が議論している。たとえば、アッカマンは、二元的民主政論によって、この問題に応答している。*See*, Ackerman, ***supra*** note 17. また、日本でも、その観点からアッカマンを紹介する論説がある。たとえば、大江一平「B・アッカーマンの二元的民主政理論」関西大学法学論集五〇巻六号一七七頁(二〇〇一年)、同「インフォーマルな憲法改正論の展開とその意義――アッカーマン説およびアマー説をめぐる議論を手がかりとして――」法学ジャーナル七四号一頁(二〇〇三年)があげられるだろう。
(31) *See*, Cass R. Sunstein, The Partial Constitution, Harvard University Press (1993).
(32) 新谷浩史「討議民主主義を巡る理論的考察」早稲田政治公法研究六九号一〇三頁(二〇〇二年)。
(33) 阪口正二郎「アメリカ憲法学における民主主義論の動向と立憲主義の動揺――ポピュリズム、共和主義、リベラリズム――」憲法問題一三号一一六―一一七頁(二〇〇二年)。

(34) 同前・坂口、一一八頁。
(35) 大沢秀介「熟慮民主主義をめぐる最近の議論について」『政治・社会理論のフロンティア――慶應義塾大学法学部政治学科開設百周年記念論文集――』慶應義塾大学出版会（一九九八年）六七頁。
(36) もちろん、筆者は、サンスティンの憲法理論を完全なものとして支持しているわけではない。筆者の見るところ、サンスティンの議論の特徴の一つは、抽象的に完全な憲法理論を構築するものというよりも、実際に生じている問題への現実的対処を考えているところにあると思われる。たとえば、事実として多様性が広く認められている場合に、それを制限する場合には、多様性の限界を具体的に示すことが重要となるだろうけれども、逆に、事実として多様性が認められていない状況においては、どのような多様性であってもよいというわけではないけれども、しかし、何らかの多様性が規範的に求められるはずだという場合（つまり、合理的多様性が要請されるという場合）、現実的対処という観点からすれば、必ずしも、その多様性の限界まで示す必要はないはずである。つまり、さしあたり、少なくとも、（合理的）多様性が必要であることさえ示せればよいわけである。そして、実際、サンスティンは、大学などで求められる多様性が合理的多様性であると限定しているものの、その具体的限界までは、十分に示しているわけではない。そのことは、抽象的な憲法理論としては不十分なものであるといえるだろうけれども、しかし、実際に生じている問題への現実的対処として捉えるのであれば、十分、有用な主張であるものと考えられる。したがって、サンスティンの議論の枠組みを抽象的に捉え、一般論として批評することには、十分に注意しなければならないものと思われる。
(37) Sunstein, *supra* note 21 at 54-55.
(38) *Id.* at 55.
(39) *Id.* at 55.
(40) *Id.* at 56-57.

(41) *Id.* at 57.
(42) *Id.* at 58–59.
(43) *Id.* at 59.
(44) *Id.* at 59–60.
(45) *Id.* at 60–61.
(46) *Id.* at 60.
(47) *Id.* at 61–62.
(48) *Id.* at 62.
(49) *Id.* at 64–65.
(50) *Id.* at 65.
(51) *Id.* at 66.
(52) *Id.* at 66.
(53) *Id.* at 67–68.
(54) *Id.* at 68.
(55) *Id.* at 68–70.
(56) *Id.* at 71.
(57) *Id.* at 71.
(58) *Id.* at 72.
(59) *Id.* at 71.
(60) *Id.* at 168.

(61) *Id.* at 169-175.
(62) *Id.* at 176-177.
(63) *Id.* at 180.
(64) *Id.* at 182.
(65) *Id.* at 183.
(66) *Id.* at 181.
(67) *Id.* at 186.
(68) *Id.*at 186.
(69) *Id.* at 186.
(70) *Id.* at 187-188.
(71) *Id.* at 188.
(72) *Id.* at 187.
(73) *Id.* at 188-189.
(74) *Griswold v, Connecticut*, 381 U.S. 479 (1965).
(75) *Roe v. Wade*, 410 U.S.113 (1973).
(76) Sunstein, *supra* note 21 at 191-192.
(77) *Id.* at 192-193.
(78) 前掲註14・佐藤、六四—六六頁。
(79) その意味では、憲法学者も、「抑圧支配のマスク」の犠牲者なのかもしれない。一見すると、憲法学者たちの意見は、実社会に反映され得るかのように装われているが、もっとも有効な反映方法である裁判の場では、司法の過度に一極化した党派性のために、憲法学者たちの意見の多くは、実質的に閉ざされているのである。もちろん、こうした問題の本当の犠牲者は、憲法学者たちに留まるものではなく、その結果として、十分な憲法的保障を受けることができなくなるすべての人たちなのである。

(80) 最二決平成三一年一月二三日(判時二四二一号四頁)。

(81) 岡山地裁津島支審平成二九年二月六日 Westlaw Japan 文献番号 2017WLJPCA02066004 を参照。なお、一審の評釈として、栗田佳泰「性同一性障害者特例法上の性別取扱変更要件と憲法13条・14条」ジュリ臨増『平成二九年度重要判例解説』一五一八号一二頁(二〇一九年)、高井裕之「性同一性障害特例法による性別変更の生殖腺除去要件の合憲性」法学セミナー増刊号『新判例解説 Watch』二一号三七頁(二〇一七年)、渡邉泰彦「性別変更における生殖不能要件の要否」法学セミナー増刊号『新判例解説 Watch』二一号一一頁(二〇一七年)、佐々木雅寿「性別の取扱いの変更審判申立事件」法学教室四四三号一三七頁(二〇一七年)を参照。

(82) 広島高裁岡山支決平成三〇年二月九日 Westlaw Japan 文献番号 2018WLJPCA02096001 を参照。

(83) 最大判昭和三〇年七月二〇日(民集九巻九号一一二二頁)を参照。

(84) 最大判昭和三九年五月二七日(民集一八巻四号六七六頁)を参照。

(85) 最大判昭和四四年一二月二四日(刑集二三巻一二号一六二五頁)を参照。

(86) もちろん、筆者は不適切な認識だと考えている。

(87) いわゆる国籍法三条違憲判決においても、「我が国における社会的、経済的環境等の変化に伴って、夫婦共同生活の在り方を含む家族生活や親子関係に関する意識も一様ではなくなってきており、今日では、出生数に占める非嫡出子の割合が増加するなど、家族生活や親子関係の実態も変化し多様化してきている」との認識が示されている。国籍法三条違憲判決については、最大判平成二〇年六月四日(集民二二八号一〇一頁)を参照。

(88) 本件規定があったとしても、事実婚状態は防げられない以上、本件最高裁決定がいうところの「混乱」は、そもそも、避けることができないものと考えられる。また、「夫婦共同生活の在り方を含む家族生活や親子関係」の多様化を踏まえれば、子どもの福祉が確保される限りにおいて婚姻のあり方を法的に制限することの意義は、ほとんどないように思われる。家族のあり方は、法的にも、もっと多様なものであってよいのではないだろうか。

(89)「性同一性障害者の性別に関する苦痛は、性自認の多様性を包容すべき社会の側の問題でもある」という認識は妥当なものだといえるだろうが、本件補足意見の文脈においては、些か責任転嫁のように思われる。この補足意見でいう「適切な対応がされることを望」まれる「各所」には、はたして、最高裁判所（少なくとも本件第二小法廷）は含まれていないということなのだろうか。

# 終章 本書のまとめ——情報社会の課題への応答

本書では、いわゆる「Society5.0」を見据えながらも、それを情報社会の一つの形態と捉えたうえで、そうした情報社会に憲法学的にアプローチしてきた。

これからの情報社会では、ＡＩやＩｏＴの活用を考えた場合、ますます情報の共有化や活用が求められる。個人情報保護法の二〇一五年の改正、そして、二〇二一年のデジタル庁設置やそれに関連する個人情報保護法の改正も、その流れを促進するものだといえる。

しかし、そうした情報の共有化や活用が進められる情報社会からは、いくつかの新しい諸課題が生じている。本書は、それらの諸課題に関して検討してきた。そして、検討にあたって、おもに米国での議論を参照してきた。

情報社会で問題となるものに「情報プライバシーの権利」の保護が考えられる。

この情報プライバシーの権利の日本国憲法上の根拠規定に関しては、いわゆる包括的人権規定である日本国憲法十三条と考える立場が通説であり、本書でも、その立場を採っている。そのため、情報プライバシーの権利の保護では、憲法条文の文言の解釈論というよりも、そこで問題とされる利益が憲法上の人権として保障されるべきなのか、あるいは、保障されるべきだとしても、どのような場合には制限され得るのか、に関する判例分析や憲法理論的な検討が重要となるものと考えられる。本書では、そうした理解の下で、検討を進めてきた。

情報プライバシーの権利に関しては、米国や日本の学説・判例展開を踏まえれば、一応のところ、自己情報コントロール権としての情報プライバシーの権利が、憲法上の権利として概念化されているものといえる。

ただし、Society5.0の構築を見据えた現代の情報社会においては、自己情報コントロール権としての情報プライバシーの権利の考え方に関して、関連する次の二つの課題が生じている。また、さらに間接的な課題として、三つ目の課題が生じているものと考えられる。第一に、情報プライバシーの権利の侵害と判断される基準に関してである。第二に、データ・マイニングなどの新しい情報技術への対応に関してである。そして、第三に、司法やその構成員である裁判官に関してである。本書では、それらに関して検討してきた。

本書の第1章では、米国連邦最高裁判例に関する概要を確認し、そこでの判断枠組みに関して検討してきた。

米国連邦最高裁では、かつて、修正四条の捜索として規制対象となるためには、①その対象が有体物であること、そして、②それが物理的侵入によってなされること、の二つの要件が必要であるとしていた。

そのため、たとえば、公権力による電話盗聴も、修正四条の保障外と判断されたのである。

しかし、その後、連邦最高裁判所は、そうした修正四条違反とされる要件を緩和していき、一九六七年のカッツ判決において、これまでの先例を変更して、新しい要件を示すことになる。すなわち、カッツの判決のハーランⅡ裁判官の補足意見において、①その人がプライバシーについての現実の（実質的な）期待を示し（主観的期待）、かつ、②社会が、その期待を「合理的なもの」として認めていること（社会的承認）、の二つの要件で判断する枠組みが示されたのである。これら二つの要件が、今日に至るまでの米国連邦最高裁の判断枠組みとなっている。

こうした米国連邦最高裁の判断枠組みに関して、アミタイ・エッツォーニは批判をしているが、本書では、そうした批判を踏まえて、ここでいう社会的承認とは、事実の認識ではなく、規範的な判断であると考えるべきだとした。また、米国連邦最高裁の判断枠組みに代えてエッツォーニが主張する四つの基準は、米国連邦最高裁の判断枠組みに代わるものではなく、むしろ、それを具体化するものとして位置づけられるものだとした。

そのうえで、本書では、こうした米国連邦最高裁の判断枠組みとそれを具体化する基準を妥当なものとして評価した。また、第1章では、ダニエル・J・ソロブのプライバシー・パラドックスに関する検討を踏まえて、現代の情報社会において情報プライバシーを保護するにあたって、本人が自己の情報を管理、コントロールすることに依存し過ぎる自己情報コントロール権説には限界があることを示した。

第2章では、第1章の検討を踏まえたうえで、ポール・M・シュワルツとソロブの議論を踏まえて、自己情報コントロール権としての情報プライバシーの権利の中心的概念の一つである個人識別情報（Personally Identifiable Information）概念を検討した。

シュワルツとソロブは、個人識別情報概念を再構成し、彼らがＰＩＩ（Personally Identifiable Information）2.0と呼ぶ考え方を提案している。このＰＩＩ2.0は、情報を、個人を識別する危険性のない情報から、識別された個人に関する情報に至る連続体として捉えるものである。そして、それは、情報を、個人を識別する危険性のない情報、個人識別の可能性のある情報、個人識別された情報の三つのカテゴリーに分けたうえで、シュワルツとソロブがいうFIPsの七つのツールキットの適用に差をつけるものである。

もし、ある情報が、個人を識別する可能性のある状態に留まっていた場合であったとしても、すでに個人を識別した状態の場合と同じだけの義務が課されるとすれば、企業としては、個人を識別してしまった方が情報の価値が高くなるのなら、当然、個人を識別する状態にする。しかし、個人の識別性が高まるほど、課される義務が増える（つまり、企業にすれば、コストが高まる）のなら、個人を識別することで増すことになる情報の価値とのバランスのなかで、コストが上回るとすれば、そこから個人を識別することを避けるインセンティヴが生じる。その結果、ＰＩＩ2.0は、一方で、個人情報を利用することの有用性に配慮しながらも、他方で、情報プライバシー保護を高めることになる。

本書では、シュワルツとソロブが提唱するこうしたＰＩＩ2.0が、日本の情報法制においても、有用なものだとした。そして、個人情報を利用しようとする側に個人を識別することを避けるインセンティヴを生み出すことによって、情報プライバシーの保護を行おうとするＰＩＩ2.0は、本人が自己の情報をコントロールすることに依存し過ぎる自己情報コントロール権説の限界を補うものだとした。

第3章では、これまで検討してきた内容を踏まえながら、現代の情報社会における重要な情報技術の一つであるデータ・マイニングに関して検討した。

もちろん、テロ行為や児童虐待などは、事前に防止することが望ましく、事前予測の可能性を高めるデータ・マイニングの技術の活用は、非常に魅力的なものである。しかし、本書では、行政によるデータ・マイニングを活用するには、高い正確性と透明性の二つの要件が求められるとした。ところが、規制行政の分野において、それらの要件を満たすことは難しいとした。そのため、仮に行政がデータ・マイニングを活用するとすれば、給付行政の分野になるだろうとした。

ただし、給付行政の分野であったとしても、行政が行う以上は、データ・マイニングの分析結果の正確性は求められるだろうことから、米国のＩＱＡのような制度の導入が必要であるとした。

第4章では、現代の情報社会を踏まえたときの司法のあり方に関して検討してきた。

自由主義の帰結として一定の多文化社会が生成されるなら、事実として根強い道徳的不一致、あるいは、イデオロギー的対立が生じるかもしれない。また、現代の情報社会は、カスケード効果によって、誤った理解、つまり、偏見や誤解、さらには、相互不信を促すことになるかもしれない。そして、現実の社会をみる限り、そうした現象が強く現れてきているように思われる。そして、日進月歩の情報技術の発展を踏まえれば、現代の情報社会では、社会の変化が速くなり、次々と新しい物事が生じてくる。そして、誰もが、それらの新しい物事への対応に確信をもっているというわけではない。

したがって、情報カスケードは、ますます、影響力をもち、裁判官も、そうした現代の情報社会で暮らしている以上、当然のことながら、情報カスケードの影響を避けることはできない。それらのことを踏まえて、本書では、道徳的不一致やイデオロギー的対立が見られる領域においては、しばしば、司法は、「司法ミニマリズム」の役割が求められ、その司法判断は、「不完全に理論化された合意」で留めなければならないとした。

また、そうした根強い道徳的不一致やイデオロギー的対立に応じるのであれば、司法は、道徳的、イデオロギー的に極端に流れるものであってはならず、また、司法に一定の政治性が見られるのであれば、その司法的合議体の人事構成に関する規範も、それらのことを前提に導き出されなければならないとした。

そして、とくに「公益」の評価に関しては、裁判所は、可能な限り、道徳的不一致やイデオロギー的対立に踏み込まずに、「不完全に理論化された合意」に留めるべきだとした。そのため、第3章で検討してきた行政によるデータ・マイニングの活用に関していえば、安全保障に対する脅威の程度と、それに取り組む政府の施策の有効性の程度の評価において、裁判所は、前者よりも後者を重視した判断が求められるとした。また、制限される権利や自由の価値、すなわち、コストに関しても、適正手続の保障などの社会全体のコミットメントのある価値に基づく判断が求められるとした。

もちろん、以上のような本書の検討は、情報社会の憲法学の課題のすべてに応えているものではない。しかし、その重要な部分に一定の示唆を与えるものだと考えている。

ところで、本書では、前述したように、情報社会に憲法学からアプローチしてきた。そして、現在の憲法の基本構造は、（相対化しつつあるかもしれないが）国民国家を前提としており、種々の法律主義を定めている。

しかしながら、現代社会において、多くの情報は国境を越え流通し共有されていくものであり、したがって、情報に関する権利保障や制限は、グローバルな対応やルール・メイキングが求められているように思われる。

そうであるならば、現代の情報社会は、実のところ、これまでの憲法（学）そのものの限界を示唆し、そして、その変容を迫るものなのかもしれない。この問題に関しては、また、別の機会に検討していきたいと考えている。

# あとがき

プライバシー権に関する研究のうち、いわゆる情報プライバシーの分野に関する研究成果を著書に纏めたいと考えてから数年が経ってしまった。

なかなか研究成果を纏められないことに関して、いろいろと忙しいことを理由にしてきたけれども、流石に数年も経ってしまうと、非常勤講師時代に論文を書けない（書かない）言い訳に忙しいことをあげていたときに、指導教員の孝忠延夫先生から、「じゃあ、時間があれば、立派な論文が書けるってことだね？」と問われたことが思い出されて、胸が痛くなってきた。

結局のところ、忙しいのは言い訳に過ぎず、実は忙しくてもできることは多い。

もちろん、忙しいために本当にできないことも多いだろうが、今回に関する場合は、前者のケースで間違いない。そう思うようになり、思い切って研究成果を纏めて本書を刊行することにした次第である。

本書の序章は、名古屋市立大学特別研究奨励費2013025の助成を受けて執筆した拙稿「プライバシー権の概念化と憲法における権利保護」税研二一六号四四頁（二〇二一年）に加筆修正をしたものである。

第1章は、「1　米国連邦最高裁の憲法判例展開の概要」については、拙書『中絶権の憲法哲学的研究

――アメリカ憲法判例を踏まえて』（法律文化社、二〇一三年）や拙稿「地方自治体におけるプライバシー権の保障のあり方に関する一考察」小林直三・根岸忠・薄井信行編『地域に関する法的研究』（新日本法規出版、二〇一五年）三五頁をはじめとする筆者の業績と重なるところもあるが、それ以外の部分に関しては、基本的には、補論も含めて、本書の出版にあたって、書き下ろしたものである。

第2章は、拙稿「個人識別情報の再概念化に関する一考察―情報利用とプライバシー保護の両立のために―」高知短期大学社会科学論集一〇五号一頁（二〇一四年）を修正したものである。第2章の補論は、拙稿「デジタル・パーソンとアイデンティティ権～平成28年2月8日大阪地裁判決～」WLJ判例コラム第九〇号（二〇一六年）を修正したものである。

第3章は、拙稿「行政によるデータ・マイニングに関する一考察」高知短期大学社会科学論集第一〇〇号六一頁（二〇一二年）を修正したものである。第3章の補論は、拙稿「弁護士を原告とする特定秘密保護法の違憲無効確認訴訟～平成28年2月25日静岡地裁判決～」WLJ判例コラム八一号（二〇一六年）を修正したものである。

第4章は、拙稿「カスケード効果と司法―Cass R. Sunstein の議論を手がかりに」関西大学大学院法学ジャーナル第七七号八一頁（二〇〇五年）を修正したものである。第4章の補論は、拙稿「性別の変更の審判を受けるにあたっての生殖腺除去手術の実質的強制～最高裁第二小法廷平成31年1月23日決定～」WLJ判例コラム一五九号（二〇一九年）を修正したものである。

そして、終章は、本書の出版にあたって、書き下ろしたものである。

本書の刊行にあたっては、学文社の落合絵理氏に、大変、お世話になった。心から感謝申し上げる。

最後に、最愛のパートナーである禎子、義直（長男）、信智（次男）、勇太（三男）、亮太（四男）に感謝したい。

こうして研究ができるのも、みんながいてくれるからこそである。

二〇二一年六月　名古屋市立大学の研究室にて

小林直三

# 索　引

【著者紹介】

**小林　直三**（こばやし　なおぞう）

1974年３月生まれ

関西大学大学院法学研究科公法学専攻博士課程後期課程修了

博士（法学）

高知短期大学社会科学科（第Ⅱ部）准教授，教授，高知県立大学文化学部教授を経て，現在，名古屋市立大学大学院人間文化研究科教授

高知県個人情報保護審査会委員，土佐市個人情報保護運営審議会会長，土佐市情報公開・個人情報保護審査会副会長などを歴任。現在，名古屋市個人情報保護審議会委員，名古屋市情報公開審査会委員などを務める。

主要著書

『中絶権の憲法哲学的研究――アメリカ憲法判例を踏まえて』（単著，法律文化社，2013年），『法と持続可能な社会の構築』（共編著，新日本法規出版，2017年），『テキストブック憲法〔第2版〕』（共編著，法律文化社，2017年），『地域に関する法的研究』（共編著，新日本法規出版，2015年）など。

情報社会の憲法学
—情報プライバシー・データマイニング・司法

2021年9月30日　第1版第1刷発行

著者　小林直三

発行者　田中　千津子
発行所　株式会社 学文社
〒153-0064　東京都目黒区下目黒3-6-1
電話　03 (3715) 1501 ㈹
FAX　03 (3715) 2012
https://www.gakubunsha.com


印刷　新灯印刷㈱


ISBN978-4-7620-3113-7